CW01637007

Ex Libris
Benjamim Ferreira

PICKWICK

PADRE AMORTH
con PAOLO RODARI

L'ULTIMO ESORCISTA

PIEMME

Realizzazione editoriale a cura di Portalupi Editore Srl.

www.pickwicklibri.it
www.edizpiemme.it

L'ultimo esorcista
di Padre Amorth
© Padre Gabriele Amorth e Paolo Rodari, 2011
© 2012 Edizioni Piemme Spa, Milano
ISBN 978-88-6836-674-2

I edizione Pickwick novembre 2013

Anno 2017-2018 - Edizione 6 7 8 9 10 11 12 13 14

«Siate temperanti, vigilate. Il vostro nemico, il diavolo, come leone ruggente va in giro cercando chi divorare.»

1 Pietro 5, 8-9

SVEGLIAMOCI PRIMA CHE SIA TROPPO TARDI

Chiedo scusa ai lettori se, dopo aver scritto tanti libri su Satana e gli esorcismi, oso ancora presentarne uno nuovo con la pretesa di non ripetere ma di completare quanto già detto.

Mi spingono il Vangelo, san Paolo, la Madonna. E sono grato all'amico giornalista Paolo Rodari che con pazienza e fedeltà ha raccolto in buon ordine i miei pensieri e i miei ricordi e mi ha aiutato a scriverli.

Anzitutto vorrei dire una cosa sul titolo scelto, *L'ultimo esorcista.* È un titolo volutamente provocatorio. È ovvio che io non sono l'ultimo esorcista rimasto in questo mondo. Dopo di me altri ce ne saranno e già ce ne sono, anche di giovani. Ma nel mondo siamo in così pochi che ognuno di noi nella sua battaglia quotidiana si sente inevitabilmente come se fosse l'ultimo, l'ultimo esorcista chiamato a combattere contro il grande nemico, il principe di questo mondo, Satana. La Chiesa, ancora oggi, fa poco per formare nuove leve di esorcisti. Poco fanno i vescovi. È questo il mio cruccio ed è per questo motivo che ho accettato che il libro uscisse con questo titolo. Spero che tutti gli altri esorcisti, a cominciare dagli amici dell'Associazione Internazionale degli Esorcisti di cui sono presidente emerito, non si offendano e capiscano la provocazione sottesa al titolo. Io non mi sento più grande di loro. Sono, come loro, un umile servitore del regno del bene, un combattente di Cristo contro il regno del male.

Parto dal Vangelo. Gesù per tre volte chiama Satana «principe di questo mondo». San Giovanni precisa che tutto il mondo giace sotto il potere di Satana. E ci dice che lo scopo per cui Gesù è venuto al mondo è per distruggere le opere di Satana. Satana è l'avversario infaticabile di Dio.

San Paolo osa chiamare Satana «dio di questo mondo» e afferma che la nostra lotta quotidiana non è contro persone in carne e ossa, ma contro Satana e i suoi angeli, che ci avvolgono incessantemente.

Oggi nelle nostre chiese si parla poco di Satana e tanti, anche nel clero, non credono alla sua esistenza. In questo libro è riportata una serie di esorcismi per far capire, attraverso questi casi estremi, che Satana c'è. Anche se non si presenta visibilmente, perché è puro spirito, è quanto mai attivo contro tutti.

Assistere agli esorcismi o leggerli, dove c'è dialogo tra l'esorcista e il demonio, è una prova inconfutabile per credere all'esistenza del demonio.

Infine sono spinto dalla Vergine Santissima. Da oltre trent'anni seguo le apparizioni di Medjugorje, questa stupenda catechesi che la Madonna rivolge a tutto il mondo e che è la continuazione dei messaggi di Fatima. È una predicazione formidabile, quale mai avvenne nella storia dell'umanità. Ebbene, la Madonna parla continuamente di Satana sciolto dalle catene; lei vuole strappare gli uomini dagli artigli di Satana e riconsegnarli a Dio. Stiamo vivendo un'epoca tremenda, in cui pare che abbia trionfato l'ateismo, ossia il demonio. Vediamo lo sfascio delle famiglie, il divorzio, l'aborto, lo sbandamento della gioventù. E, ancora, il trionfo dell'egoismo, della ricerca del piacere, lo spandersi d'ogni vizio. Si è arrivati a combattere perfino la presenza dei crocifissi, ossia non si vuole neppure vedere la presenza di Gesù Salvatore, che ha sconfitto Satana.

La Madonna che cosa propone? Parla continuamente dei piani di Dio e dei piani di Satana. Dio vuole l'amore, la pace, la salvezza eterna. Satana vuole la distruzione del mondo. La Madonna sta formando una sua armata, sparsa su tutta la terra. Con la forza della conversione, del rosario, del digiuno questa sua armata vincerà l'armata di Satana, che vuole la guerra, la distruzione, la dannazione eterna; provoca inoltre altri mali, come la possessione diabolica.

Se non si mette Dio al primo posto crolla la famiglia, la società, l'intesa tra le nazioni. E soprattutto viene meno il piano di Dio che ci ha creati per la felicità eterna. Se non si crede alla vita eterna non si comprende nulla di questa vita terrena.

Il mio scopo è di portare chi legge a riflettere sulla propria vita per metterla in sintonia con lo scopo per cui Dio ce l'ha data. Svegliamoci prima che sia troppo tardi.

Gabriele Amorth

1
«TI NOMINO ESORCISTA»

Mi trovo nell'appartamento del cardinale Ugo Poletti, vescovo vicario di Roma. Come tutti sanno il vescovo di Roma è il Papa. Ma il Pontefice, dal sedicesimo secolo in poi, ne ha delegato il governo pastorale a un vicario. È l'11 giugno 1986.

Poletti usa ricevere i preti senza fissare un appuntamento. Anche io, quel giorno, ho seguito la prassi. Mi sono presentato senza appuntamento. E sono stato immediatamente ricevuto. Non ho qualcosa di particolare da chiedere al mio vescovo, voglio soltanto scambiare con lui quattro chiacchiere. Spesso è di questo che i preti hanno bisogno. Poletti lo sa e non pretende mai che si debba avere una motivazione importante per bussare alla sua porta.

Mi chiede del mio lavoro all'interno della Società San Paolo. Sono, infatti, un prete paolino, giurista, appassionato di mariologia, giornalista professionista e direttore del mensile «Madre di Dio». Non so spiegare per quale motivo, ma a un certo punto la conversazione cade su padre Candido Amantini, e cioè su colui che da trentasei anni è l'esorcista ufficiale della diocesi di Roma.

«Lei conosce padre Candido?» mi chiede Poletti sorpreso.

«Sì» rispondo. «Mi sono avvicinato al luogo dove fa esorcismi, il Santuario della Scala Santa che si trova a pochi passi da qui, per curiosità. L'ho conosciuto e ogni tanto vado a trovarlo.»

Poletti è un cardinale capace di governare. E di decidere. Quando prende una decisione la mette subito per iscritto, con tanto di firma leggibile e timbro in calce al foglio.

Rimango sorpreso quando, senza dare spiegazioni, apre un cassetto della scrivania, tira fuori un foglio con la carta intestata della diocesi e si mette a scrivere a mano. Scrive per un minuto. Poche righe vergate con inchiostro nero. Quindi tira fuori un timbro, un solo colpo secco in basso a destra.

Non oso chiedere nulla. Un presentimento si affaccia alla mia mente ma subito lo scaccio in attesa che sia lui a parlare.

«Benissimo» dice il cardinale chiudendo il foglio in una busta che lascia aperta prima di porgermela.

«Questa busta è per lei. Complimenti. So che farà bene.»

Per qualche istante non so che dire. Mentre ricevo la busta mi viene in mente quello che sempre mi diceva il mio padre spirituale ai tempi del seminario.

«Come si fa a sapere se si sta facendo la volontà di Dio? Solo se si obbedisce al proprio vescovo si è sicuri di essere sulla giusta strada.»

Sono sempre stato abituato a obbedire. L'idea di farmi prete mi venne a dodici anni. Era il 1937. La assecondai, obbedendo alla chiamata di Dio. Non ho mai sentito fascino per altre strade. Anche se ho sempre avuto rapporti cordialissimi con le ragazze. Mi sentivo portato per il sacerdozio. Ho preso le mie cotte lasciandole sempre crude. Però mi è stato utile perché tra matrimonio e sacerdozio ho fatto una vera scelta e non una scelta teorica.

Dopo la maturità dovetti decidere in quale seminario entrare. Mi sentivo portato per la vita di comunità, per la vita in qualche ordine religioso. Mi piacevano i passionisti ma diverse circostanze mi portarono un giorno a Roma, ospite per una notte di padre Giacomo Alberione, il fondatore della Società San Paolo. Gli confidai il desiderio di farmi prete.

«Domani dirò messa per te» mi disse.

Di mattina presto partecipai alla messa.

Alla fine gli chiesi: «Dio l'ha illuminata?».

«Sì. Mi ha detto che devi venire qui. Devi entrare nei paolini.»

Credetti a ciò che Alberione mi disse. E decisi di entrare nei paolini. Non subito però. Prima feci passare la guerra. Mi arruolai nei partigiani. Venni decorato con una medaglia al valore militare. Mi laureai in giurisprudenza. Entrai nella Fuci, la federazione degli universitari cattolici italiani. Conobbi Giuseppe Dossetti che mi prospettò un futuro radioso in politica, all'interno della Democrazia Cristiana. Ma rimasi fedele all'idea maturata fin dall'adolescenza. Entrai in seminario. Divenni prete e per trentadue anni lavorai nella Società San Paolo con vari incarichi di responsabilità. Fino al giugno del 1986 quando il cardinale Poletti, inaspettatamente, mi sconvolse la vita.

Decido di aprire la busta davanti al cardinale. Ne leggo il contenuto e vi trovo esattamente quanto avevo immaginato. Poche parole piuttosto eloquenti.

Roma, 11 giugno 1986

Io, il cardinale Ugo Poletti, arcivescovo vicario della città di Roma, con la presente nomino esorcista della diocesi padre Gabriele Amorth, religioso della Società San Paolo. Egli si affiancherà a padre Candido Amantini fino a quando sarà necessario.

In fede,
card. Ugo Poletti
arcivescovo vicario di Roma

«Eminenza, io...»

«Caro padre Gabriele, non occorre che dica nulla. Così ho deciso e così deve essere. La Chiesa ha un disperato bisogno di esorcisti. Roma soprattutto. Ci sono troppe persone che soffrono perché possedute e nessuno è incaricato di liberarle. Padre Candido da tempo mi ha chiesto un aiuto. Io ho sempre tergiversato. Non sapevo chi mandargli. Quando lei mi ha detto che lo conosceva ho capito che non potevo indugiare oltre. Lei farà bene. Non abbia paura. Padre Candido è un maestro speciale. Saprà come aiutarla.»

Rimango senza parole. Il Vangelo lo conosco bene. So che il potere di scacciare i demoni Cristo l'ha dato agli apostoli e ai loro successori, i vescovi, i quali, a loro volta, possono delegarlo a dei semplici preti. So che la Chiesa non può stare senza esorcisti, tante sono le persone possedute nel mondo. Ma, mi domando, sarò capace? E poi, perché io? Perché proprio a me viene affidato un compito così difficile e pericoloso?

La lotta tra il bene e il male, tra Satana e Cristo, affonda le proprie radici nella notte dei tempi. Da sempre due eserciti lottano per la supremazia sul mondo: l'esercito di Satana e l'esercito di Cristo. Perché Satana esiste, perché uno degli angeli più belli e nobili del paradiso abbia deciso a un certo punto di ribellarsi a Dio e divenire il principe delle tenebre nessuno lo sa. Fatto sta che lui, Satana, esiste e vuole una sola cosa, portare il mondo all'autodistruzione, gli uomini alla dannazione eterna. In questa lotta che sembra senza fine il Papa ha una funzione chiave. È lui, forse prima e più di tutti, che deve lottare perché le porte degli inferi non prevalgano sulla Chiesa. Insieme a lui ci sono gli uomini di buona volontà che della Chiesa fanno parte. Tra gli uomini un ruolo speciale lo ricoprono gli esorcisti. Sono come le punte di diamante di questo esercito che al male contrappone il bene. Preti scelti per scacciare la presenza straordinaria di Satana e del suo esercito, i demoni gerarchicamente sottomessi a Satana, dall'uomo e quindi dal mondo.

Ma, mi domando, perché io devo essere uno di questi?

Esco dall'ufficio del cardinale Poletti con il foglio di nomina in mano e tante domande e qualche paura nella mente. Dopo pochi passi capisco che c'è una sola cosa sensata da fare. E la faccio subito.

La basilica di San Giovanni in Laterano è la più antica e nobile di Roma. Una delle sue cappelle laterali ha sempre presente il Santissimo, il corpo di Cristo. Entro. M'inginocchio su una delle tante panche di legno. E qui faccio la mia richiesta al cielo, o meglio alla Madonna.

«Madre di Dio, accetto questo incarico, ma tu proteggimi col tuo manto.»

È una supplica semplice. Poche ma sentite parole. Voglio obbedire al mio vescovo e metto nelle mani della Madonna tutte le mie paure.

Chi sono io per combattere il principe delle tenebre?

Non sono nessuno. Ma Dio è tutto. Il demonio non si combatte con le proprie forze ma con quelle del cielo.

Un giorno, parecchio tempo dopo aver fatto quella supplica, mi trovo a esorcizzare un posseduto. Attraverso la sua voce è Satana che mi parla. Mi sputa addosso insulti, bestemmie, accuse e minacce. Ma a un certo punto mi dice: «Prete, vattene. Lasciami stare».

«Vattene tu» gli rispondo.

«Ti prego, prete, vattene. Contro di te non posso fare nulla.»

«Dimmi, nel nome di Cristo, perché non puoi fare nulla?»

«Perché tu sei troppo protetto dalla tua Signora. La tua

Signora col suo manto ti circonda e io non posso raggiungerti.»

Fino al 1986 Satana non è esistito per me. Beninteso, sapevo di lui. Ho studiato bene il Catechismo e la dottrina della Chiesa cattolica. Sapevo che al bene si contrappone sempre il male. A Cristo e al suo regno si oppone Satana e il suo regno. Ma non avevo mai avuto un'esperienza diretta di Satana. Mai avevo dovuto affrontarlo faccia a faccia. Il male ha sempre fatto parte della mia esistenza come dell'esistenza di tutti.

Da piccolo andavo a messa con mia mamma e mio papà a Modena, la città dove sono nato. Spesso mi addormentavo per terra, sotto la panca, ai piedi dei miei. Quando dormivo e rimanevo in silenzio senza correre avanti e indietro per le navate della chiesa mia mamma mi dava un premio, solitamente una caramella. Se, invece, mi agitavo e facevo rumore niente premio. Per me il bene e il male erano queste cose. Erano i miei capricci e i sorrisi di mia mamma. Le marachelle e le carezze di mio padre. I pianti e le consolazioni.

Una percezione più chiara del male la ebbi quando mi confessai per la prima volta. Lì capii che il male è una cosa seria dal quale occorre emendarsi. Mi insegnarono a confessarmi tutte le settimane. Mi dissero: «Sai qual è il rimedio migliore contro il male? La confessione tutte le settimane». Avevano ragione. E, infatti, ancora oggi dico a tutti che una confessione fatta bene è meglio di un esorcismo. La confessione rimette l'uomo in grazia di Dio. Satana impazzisce quando qualcuno si riconcilia con Dio. Si sente sconfitto. Diventa furente. La confessione sconfigge i suoi piani demoniaci. Satana ha difficoltà estrema a entrare nel corpo di coloro che si trovano in stato di grazia. Dio è con loro. La Madonna è con loro. E Dio e la Madonna sono più forti di Satana.

Al confessore dicevo i miei peccati. Confessavo il mio male, ma non era presente in me la chiara percezione che dietro questo male ci fosse uno spirito vivente, attivo, perennemente impegnato. Lo sapevo soltanto teoricamente. E anche quando, passata l'adolescenza, decisi di farmi prete a tutto pensavo tranne al fatto che per me fare il prete avrebbe significato essere come una spina nel fianco di Satana. Farmi prete significò assecondare un desiderio sorto nel mio cuore da piccolo e, insieme, rinuciare alla carriera politica che in modo chiaro mi si era palesata innanzi. A ventun anni, nel 1946, venni nominato vice delegato nazionale dell'allora presidente dei movimenti giovanili della Democrazia Cristiana, Giulio Andreotti. All'epoca ero legato al gruppo politico di Giorgio La Pira, Giuseppe Dossetti, Amintore Fanfani e Giuseppe Lazzati. Quando Andreotti venne promosso alla segreteria della presidenza del Consiglio mi proposero di prendere il suo posto. Non ci pensai un solo istante. Lasciai la politica. E cercai il mio posto tra i fedelissimi di Dio. Arrivai fino a don Alberione. Divenni paolino. Venni ordinato prete nel 1954. Dal 1954 al 1986, per trentadue anni, fui un semplice prete paolino con incarichi a vari livelli nella "dirigenza" del gruppo.

In tutti questi anni non ebbi mai alcun rapporto diretto con Satana.

A parte una volta.

Ero prete da poco tempo, non ricordo con esattezza da quanto. Andai a predicare per una settimana in una parrocchia distante dieci chilometri da Brescia. Il parroco si chiamava don Faustino Negrini. Era lì da quarant'anni. Amatissimo. Duemila anime che lo adoravano e lo seguivano in tutto. Un giorno mi disse: «Vieni con me». Mi portò in sagrestia. Qui c'era una donna. Si presentò: «Buon giorno, sono Agnese Salomoni». Il suo nome non l'ho più dimenticato. Ancora oggi ricordo il timbro della sua voce.

Non so perché don Faustino lo fece. Forse voleva rendermi partecipe di tutti gli avvenimenti importanti della sua parrocchia. Comunque volle che Agnese mi raccontasse la sua storia. Rimasi ad ascoltarla a lungo. Ero atterrito. Agnese aveva sedici anni quando Satana entrò dentro di lei. Perché entrò in lei? Don Faustino, che ebbe dal vescovo della sua diocesi il permesso di esorcizzarla, rivolse un giorno, durante un esorcismo su Agnese, la stessa domanda a Satana.

«Perché sei entrato dentro di lei? Rispondimi nel nome di Cristo.»

Se ripenso alla risposta che diede Satana resto ancora oggi senza parole: «Perché Agnese è la più santa della parrocchia, la più pura, la più illibata. E così l'ho fatta mia».

È un grande mistero. È vero che coloro che si trovano in grazia di Dio non devono temere. Che Satana poco può contro coloro che vivono in grazia di Dio. Ma è anche vero che Satana è potente. E che desidera fare suoi soprattutto coloro che sono santi, coloro che anima e corpo sono tutti di Dio.

Gli esorcismi per liberare Agnese furono durissimi. Ore e ore di aspra battaglia. Durarono anni.

Una volta don Faustino la portò fin da Padre Pio da Pietrelcina. Centinaia di chilometri per cercare un aiuto in più. Andando in macchina dalla Lombardia alla Puglia successe di tutto. L'automobile si fermò di continuo seppure non avesse guasti. Don Faustino fu costretto più volte ad accostare e a scendere dalla macchina per vedere quali problemi avesse il motore. Solo quando recitava una preghiera la macchina magicamente ripartiva. Per poi però fermarsi dopo pochi chilometri. Fu un viaggio estenuante e lunghissimo. Padre Pio non era esorcista ma riusciva a scacciare parecchi demoni con semplici benedizioni e preghiere. Satana temeva Padre Pio. Tutte le soste che la macchina dovette fare, l'atteggiamento impaurito e a volte furente della posseduta, furono chiari segnali di quanto Satana temesse il frate originario di Pietrelcina. Padre Pio le fece poco o nulla. La esorcizzò ma non la liberò. Nel viaggio di ritorno Satana era euforico. E si mise a deridere Padre Pio. Diceva attraverso la bocca di Agnese: «Gliel'ho fatta, gliel'ho fatta!». Rideva. Urlava. Era ebbro di gioia. E la macchina percorse i tanti chilometri che separavano San Giovanni Rotondo da Brescia senza alcuna sosta. Nessun intoppo. Non c'era più bisogno di boicottare il viaggio. Ma Satana non sapeva che l'esorcismo di Padre Pio era stato comunque, e a suo modo, efficace. Dopo non troppo tempo, infatti, Agnese venne liberata. Don Faustino chiese a Satana di dirgli, nel nome di Cristo, quando se ne sarebbe andato dal corpo della posseduta. Lui fu costretto a rivelargli il giorno e l'ora. I parrocchiani vennero tutti convocati sul sagrato della chiesa. Agnese si liberò in un istante, appena iniziato il rito, davanti a tutti. Fu una gioia e un sollievo per tutto il paese.

Non so perché, pochi mesi dopo l'ordinazione sacerdotale, Dio mi fece conoscere Agnese Salomoni. Forse volle darmi un assaggio di ciò contro cui avrei dovuto lottare parecchi anni dopo. Sta di fatto che dal giorno in cui sono nato fino al 1986, Agnese Salomoni fu l'unica esperienza in qualche modo diretta che ebbi con il demonio. Le vie di Dio sono infinite. E i suoi disegni lo sono ancora di più. Anche a sessant'anni la vita può d'improvviso cambiare. Anche a sessant'anni Dio può dare una scossa violenta all'esistenza di un uomo.

Qualche giorno dopo l'incontro con il cardinale Poletti vado da padre Candido Amantini. Gli porgo la lettera con la nomina. Padre Candido legge la lettera e, senza emozione particolare, mi dice: «Bene. Cominciamo subito. Devi fare due cose. Primo. Prendi un rituale degli esorcismi. È in latino. Leggi le ventuno regole che precedono il rito. Imparale a memoria. Senza quelle regole verrai sconfitto. Secondo. Inizia a fare esorcismi a casa da solo».

Obbedisco al maestro. Studio le ventuno regole. Rimango impressionato dalle prime. Sono insegnamenti di ordine generale. Spiegano che non bisogna mai credere che tutti coloro che dicono di essere posseduti lo siano davvero. La maggior parte delle persone ha soltanto gravi problemi psicologici. Insieme, insegnano che il diavolo si nasconde. E che, dunque, occorre sì avere molta prudenza, ma essere anche molto furbi. Il diavolo va stanato.

Quali sono i segni della presenza del demonio? Parlare correntemente lingue sconosciute o capire chi le parla. Conoscere fatti distanti o nascosti. Dimostrare di avere delle forze superiori all'età e alla naturale condizione e altri fenomeni di questo genere.

Incomincio a fare esorcismi da solo. Imparo bene le formule del rituale. E quando le ho imparate inizio a intervenire sui posseduti, prima con padre Candido a fianco. Poi da solo. Da padre Candido ho imparato i trucchi del mestiere.

Nessuno può esorcizzare se non conosce le ventuno regole. Non si trovano in italiano. Esistono soltanto in latino. Non sono accessibili a tutti. Servono soltanto agli esorcisti. Dicono che per acquistare una maggiore conoscenza dello stato della persona che si ha davanti, dopo uno o due esorcismi, il posseduto va interrogato su quanto ha percepito nella mente o nel corpo per conoscere anche a quali parole i demoni si siano maggiormente turbati, per insistervi e ripeterle con più frequenza in seguito.

Occorre rendersi conto di quali artifici e inganni usino i

demoni per fuorviare l'esorcista. Infatti sono soliti rispondere con menzogne. Si manifestano difficilmente affinché l'esorcista, ormai stanco, rinunci. Oppure il colpito si finge malato e non posseduto dal demonio.

Talvolta i demoni, dopo essersi manifestati, si nascondono e lasciano il corpo libero da ogni molestia, così che il posseduto crede di essere totalmente liberato. Ma l'esorcista non deve cessare finché non vede i segni della liberazione.

Capita poi che i demoni pongano in atto tutti gli impedimenti che possono perché il posseduto non si sottoponga agli esorcismi, o si sforzino di convincere che si tratta di una malattia naturale. Qualche volta, durante l'esorcismo, fanno sì che il posseduto dorma e gli mostrano una qualche visione, nascondendo se stessi, perché sembri che il malato sia liberato.

Alcuni posseduti dicono di aver ricevuto un maleficio, sanno dire anche da chi è stato fatto e in quale modo secondo loro può essere distrutto. Ma occorre stare attenti che per questo non ci si rivolga a maghi, o a indovini o ad altri, anziché ricorrere ai ministri della Chiesa. Non si deve ricorrere a nessuna forma di superstizione o ad altri mezzi illeciti.

Altre volte il demonio permette che il posseduto riposi e riceva anche l'eucaristia, perché sembri che se ne sia andato. Inoltre, sono innumerevoli gli artifici e le frodi del demonio per ingannare l'uomo. Per non lasciarsi ingannare da questi imbrogli l'esorcista deve essere molto prudente.

Disse Gesù che «certi generi di demoni non si scacciano se non con la preghiera e il digiuno». Per questo l'esorcista, memore di queste parole, si deve sforzare di fare uso di questi due potentissimi rimedi per impetrare l'aiuto divino ed espellere i demoni, seguendo l'esempio dei padri della Chiesa per quanto gli è possibile o personalmente o incaricandone altri.

I posseduti vengono esorcizzati in chiesa, se si può fare comodamente, o in un altro locale religioso e conveniente, lontano comunque dalle folle. Ma se il posseduto è ammalato, o per un altro giusto motivo, si può compiere l'esorcismo anche in casa.

Al posseduto va chiesto di pregare a suo vantaggio se è in grado fisicamente e mentalmente di farlo, di digiunare, di ricevere spesso la confessione e la comunione a suo sostegno, secondo il consiglio del sacerdote. E mentre viene esorcizzato deve stare raccolto, deve rivolgersi a Dio con ferma fede per chiedergli la salute con tutta umiltà. E quando viene maggiormente tormentato dal demonio deve sopportare con pazienza, senza mai dubitare dell'aiuto di Dio.

Il posseduto deve tenere tra le mani, o comunque in vista, un crocifisso. Anche le reliquie dei santi quando si possono avere. Queste devono essere tenute con sicurezza, avvolte in un panno e possono essere messe sul petto o sul capo del posseduto. Però occorre prestare molta attenzione. Gli oggetti sacri non devono essere trattati in modo indegno e non devono subire danni dal demonio. In particolare non si deve mai porre l'eucaristia sul capo del posseduto o su un'altra parte del corpo. È grande, infatti, il pericolo di irriverenza.

L'esorcista non deve perdersi in troppe parole, né in domande superflue o di curiosità, soprattutto riguardo a fatti nascosti o futuri che non si addicono al suo ufficio. Piuttosto deve imporre allo spirito immondo di tacere e di rispondere solo alle sue domande. E neppure deve credere al demonio se questi gli dice, come spesso acccade, di essere l'anima di qualche santo o di un defunto o di un angelo buono.

Ci sono alcune domande necessarie. L'esorcista le deve conoscere e le deve fare. Deve chiedere al demonio: «Come ti chiami? Sei da solo o siete in tanti? Quando siete entrati in questa persona? Perché avete deciso di possedere questa persona?». Quanto alle altre futilità del demonio, il riso, le parolacce, gli insulti, gli oggetti che inspiegabilmente sputa fuori dalla bocca dei posseduti, le inezie, l'esorcista deve troncarli o comunque disprezzarli. E deve ammonire i suoi collaboratori, che devono essere pochi e preparati, di non farvi caso e di non rivolgere domande al posseduto ma piuttosto di pregare Dio per lui, con umiltà e insistenza.

Gli esorcismi vanno pronunciati o letti comandando con autorità, con grande fede, umiltà e fervore. E quando ci si accorge che lo spirito è più tormentato, allora s'insista e lo s'incalzi con più forza. Qualora ci si accorgesse che il posseduto soffre in qualche parte del corpo, o è colpito, o compare in qualche parte un bubbone, vi si faccia il segno della croce e si asperga con acqua benedetta che si deve sempre avere pronta.

L'esorcista deve osservare anche a quali parole i demoni tremano di più e le ripeta più volte anche fino allo sfinimento. E quando giunge al comando, lo ripeta spesso, aumentando sempre la punizione. Se poi nota un progresso, continui per due, tre, quattro ore, e più che può, fino a conseguire il successo.

L'esorcista deve guardarsi da somministrare o consigliare una qualsiasi medicina, ma lasci ai medici questo compito.

Esorcizzando una donna sia sempre presente qualche persona fidata, che tenga stretta la posseduta mentre viene agitata dal demonio. Se è possibile queste persone siano della famiglia della posseduta. Infine l'esorcista si guardi bene dal dire o fare qualsiasi cosa che possa essere per lui o per lei o per gli altri occasione di cattivi pensieri.

Durante l'esorcismo, usi di frequente le parole della sacra Scrittura anziché quelle proprie o di altri. E imponga al demonio di dire se è entrato in quel corpo in seguito a magia o a segni malefici o a cose maleficiate che il posseduto ha mangiato. In questo caso le vomiti. Se invece ci si è serviti di cose esterne alla persona, dica dove sono e, dopo averle trovate, si brucino. Si avverta il posseduto di rivelare all'esorcista le tentazioni a cui viene sottoposto.

Se poi il posseduto venisse liberato, lo si ammonisca con cura di guardarsi dal peccato per non offrire al demonio l'occasione di ritornare. In questo caso la sua condizione potrebbe diventare peggiore di quella di prima della liberazione.

Sono, dunque, queste le regole generali che si trovano all'interno del rituale antico scritto in latino. Sono le regole che padre Candido mi chiede di imparare a memoria prima che io inizi a esorcizzare. Sono regole fondamentali. Anche se poi, durante la battaglia, tutto può succedere. E può accadere che quanto si è imparato serva a poco. O quasi a nulla.

In questi casi serve fare soltanto una cosa. Invocare l'aiuto di una persona speciale.

Quante volte la Madonna è venuta in mio aiuto non lo saprei dire. Lei è stata al mio fianco fin dal primo esorcismo. E ancora prima, da sempre, nel corso di tutta la mia vita.

Prima ancora che divenissi prete scoppiò la guerra. E io, come tutti, dovetti lasciare famiglia e affetti.

Ero a conoscenza del fatto che don Alberione aveva consacrato con un voto i suoi figli spirituali alla Regina degli Apostoli, perché la Madonna li proteggesse tutti. Feci anche io così. Chiesi a don Alberione di consacrare me e tutti i miei alla Regina degli Apostoli. Scoppiò la guerra. La guerra finì. E io, come anche tutti i miei fratelli, non subii alcun danno. Nemmeno una pallottola mai mi sfiorò. Anche i miei fratelli, pur dovendo attraversare pericoli terribili, uscirono indenni. Questa cosa ha significato molto per me. Fino a poco tempo prima di essere ordinato nella mia mente c'era ancora un dubbio inerente non tanto all'ordinazione sacerdotale in sé quanto al luogo nel quale Dio voleva che io divenissi prete. Pensavo: "Faccio davvero bene a entrare nei paolini? È davvero lì che Dio mi vuole? O mi vuole da un'altra parte?".

Scacciai via i dubbi il giorno stesso della mia ordinazione. Mia mamma salutò don Alberione e gli disse: «È grazie alla consacrazione che lei ha fatto alla Madonna che il mio Gabriele e i suoi fratelli si sono salvati».

Piansi di gioia. Mia mamma con una semplice constatazione mi aveva confermato che la Madonna mi aveva protetto grazie alla consacrazione di don Alberione e che era nei paolini che mi voleva. La Madonna mi aveva salvato dalla morte durante la guerra perché io divenissi prete e divenissi prete nei paolini.

Devo dirlo: consacrare una persona al cuore immacolato di Maria significa erigere attorno a essa uno scudo protettivo invisibile ma impenetrabile. Perché le mamme di oggi non consacrano anch'esse i propri figli alla Madonna? Basta poco: una semplice preghiera fatta da un prete con questa intenzione. Tutti i bimbi dovrebbero essere consacrati al cuore immacolato della Madonna. Godrebbero di una protezione unica.

Lo scudo della Madonna mi protegge ancora oggi. Lo sa bene anche Satana che quando durante un esorcismo nomino lei, la mamma di Gesù, piange come un bambino e inizia a tremare. A me non fa nessuna compassione. Lo lascio piangere consapevole che lei, la Madonna, è la protezione più sicura sotto la quale posso mettermi. E consapevole che lei, anche solo con un battito di ciglia, può scacciare Satana e farlo precipitare dove merita, all'inferno.

La mia vita e stata segnata dalla Madonna. Ciò si manifestò in modo potente nel 1959. Il 13 settembre di quell'anno l'Italia venne consacrata al cuore immacolato di Maria. Tutto avvenne a Catania. Fu il coronamento del XVI Congresso eucaristico nazionale. Fu una mirabile sinfonia tra culto eucaristico e venerazione di Maria. Con quell'evento si voleva restituire la nazione alla Madonna per un risveglio di fede, maggiore frequenza al culto ecclesiale e nuovo impegno cristiano nel sociale. A me, a sorpresa, venne affidato il coordinamento di tutto l'evento. Non solo, dovetti anche adoperarmi nei mesi precedenti per far arrivare in tutti i capoluoghi italiani la statua della Madonna di Fatima. Fu un anno di duro lavoro. Un anno dedicato alla Madonna, al regno della luce. Mai avrei immaginato che tempo dopo per quel regno, per la Madonna, avrei combattuto ancora ma con altre vesti, quelle dell'esorcista.

2

«CORAGGIO, TOCCA A TE»
La mia prima volta contro Satana

Ogni volta che faccio un esorcismo entro in battaglia. Prima di entrarvi indosso una corazza. Una stola viola i cui lembi sono più lunghi di quelli che solitamente indossano i preti quando dicono messa. La stola spesso la avvolgo attorno alle spalle del posseduto. È efficace, serve a tranquillizzare i posseduti quando, durante l'esorcismo, vanno in trance, sbavano, urlano, acquisiscono una forza sovrumana e attaccano. Quindi porto con me il libro in latino con le formule di esorcismo. Dell'acqua benedetta che a volte spruzzo sull'indemoniato. E un crocifisso con incastonata dentro la medaglia di san Benedetto. È una medaglia particolare, molto temuta da Satana.

La battaglia dura ore. E non si conclude quasi mai con la liberazione. Per liberare un posseduto ci vogliono anni. Tanti anni. Satana è difficile da sconfiggere. Spesso si nasconde. Si cela. Cerca di non farsi trovare. L'esorcista deve stanarlo. Deve obbligarlo a rivelargli il suo nome. E poi, nel nome di Cristo, deve obbligarlo a uscire.

Satana si difende con tutti i mezzi. L'esorcista si fa aiutare da dei collaboratori incaricati di tenere fermo il posseduto. Nessuno di questi può parlare col posseduto. Se lo facessero, Satana ne approfitterebbe per attaccarli. L'unico che può parlare col posseduto è l'esorcista. Questi non dialoga con Satana. Semplicemente gli rivolge degli ordini. Se dialogasse con lui, Satana lo confonderebbe fino a sconfiggerlo.

Oggi faccio esorcismi su cinque o sei persone al giorno. Fino a qualche mese fa ne facevo molti di più, anche dieci o dodici. Esorcizzo sempre, anche di domenica. Anche a Natale. Tant'è che un giorno padre Candido mi disse: «Devi prenderti dei giorni di riposo. Non puoi esorcizzare sempre».

«Ma io non sono come te» risposi. «Tu hai un dono che io non ho. Solo ricevendo una persona per qualche minuto sai dire se è posseduta o meno. Io non ho questo dono. Prima di capire devo ricevere ed esorcizzare.»

Col passare degli anni ho acquisito molta esperienza. Ma ciò non significa che "il gioco" sia più facile. Ogni esorcismo è un caso a sé stante. Le difficoltà che incontro oggi sono le medesime che incontrai la prima volta quando, dopo mesi di prove da solo in casa, padre Candido mi disse: «Coraggio, oggi tocca a te. Oggi entri in battaglia».

«Sei proprio sicuro che sono pronto?»

«Nessuno è mai pronto per questo genere di cose. Ma tu sei sufficientemente preparato per cominciare. Ricordati. Ogni battaglia ha i suoi rischi. Tu dovrai correrli uno per uno.»

L'Antonianum è un grande complesso situato a Roma in via Merulana, poco distante da piazza San Giovanni in Laterano. Lì, in una stanza poco accessibile ai più, faccio il mio primo grosso esorcismo. È il 21 febbraio 1987. Un frate francescano di origine croata, padre Massimiliano, ha chiesto aiuto a padre Candido per il caso di un contadino dell'agro romano che, secondo il suo parere, ha bisogno di essere esorcizzato. Padre Candido gli dice: «Non ho tempo. Ti mando padre Amorth».

Entro nella stanza dell'Antonianum da solo. Sono arrivato con qualche minuto d'anticipo. Non so cosa aspettarmi. Ho fatto tanta pratica. Ho studiato tutto quello che c'è da studiare. Ma operare sul campo è un'altra cosa. So poco della persona che devo esorcizzare. Padre Candido è stato piuttosto vago.

Il primo a entrare nella stanza è padre Massimiliano. Dietro di lui, un'esile figura. Un uomo di venticinque anni, magro. Si notano le sue umili origini. Si vede che tutti i giorni ha a che fare con un lavoro bellissimo ma anche molto duro. Le mani sono ossute e grinzose. Mani che lavorano la terra. Prima ancora che inizi a parlargli, entra una terza persona, inaspettata.

«Lei chi è?» chiedo.

«Sono il traduttore» dice.

«Il traduttore?»

Guardo padre Massimiliano e chiedo spiegazioni. So che ammettere nella stanza dove si svolge un esorcismo una persona non preparata può essere fatale. Satana durante un esorcismo attacca i presenti se impreparati.

Padre Massimiliano mi rassicura: «Non gliel'hanno detto? Quando va in trance parla solo in inglese. Serve un traduttore. Altrimenti non sappiamo cosa vuole dirci. È una persona preparata. Sa come comportarsi. Non commetterà ingenuità».

Indosso la stola, prendo in mano il breviario e il crocifisso. A portata di mano tengo l'acqua benedetta. Inizio a recitare l'esorcismo in latino.

«Non ricordarti, Signore, delle colpe nostre o dei nostri genitori e non punirci per i nostri peccati. Padre nostro... E non ci indurre in tentazione ma liberaci dal male.»

Il posseduto è una statua di sale. Non parla. Non reagisce. Rimane immobile seduto sulla sedia di legno dove l'ho fatto accomodare.

Recito il salmo 53.

«Dio, per il tuo nome salvami, per la tua potenza rendimi giustizia. Dio, ascolta la mia preghiera, porgi l'orecchio alle parole della mia bocca, poiché sono insorti contro di me gli arroganti e i prepotenti insidiano la mia vita, davanti a sé non pongono Dio...»

Ancora nessuna reazione. Il contadino sta in silenzio, lo sguardo fisso per terra.

«Ecco, Dio è il mio aiuto, il Signore mi sostiene. Fa' ricadere il male sui miei nemici, nella tua fedeltà disperdili. Di tutto cuore ti offrirò un sacrificio, Signore, loderò il tuo nome perché è buono; da ogni angoscia mi hai liberato e il mio occhio ha sfidato i miei nemici. Gloria al Padre...»

«Salva il tuo servo qui presente, Dio mio, poiché spera in te. Sii per lui, Signore, torre di fortezza. Di fronte al nemico, niente possa il nemico contro di lui. E il figlio dell'iniquità non gli possa nuocere. Manda, Signore, il tuo aiuto dal luogo santo. E da Sion mandagli la difesa. Signore, esaudisci la mia preghiera. E il mio grido giunga a te. Il Signore sia con voi. E con il tuo spirito.»

È a questo punto che, di colpo, il contadino alza la testa e mi fissa. E nello stesso istante esplode in un urlo rabbioso e spaventoso. Diventa rosso e inizia a urlare invettive in inglese. Rimane seduto. Non si avvicina a me. Sembra temermi. Ma insieme vuole spaventarmi.

«Prete finiscila! Zitto, zitto, zitto!»

E giù bestemmie, parolacce, minacce.

Accelero col rituale.

«Signore Gesù Cristo che hai condannato quel tiranno apostata al fuoco della Geenna e che hai inviato in questo mondo il tuo Figlio Unigenito per sconfiggere quell'essere ruggente: accorri presto, accelera la tua venuta per strappargli l'uomo che tu hai creato a tua immagine e somiglianza, sottraendolo alla rovina e al demonio meridiano. Incuti, Signore, il terrore di te in quella bestia che fa sterminio della tua vigna. Da' ai tuoi servi la fiducia di poter combattere in maniera fortissima contro il pessimo drago, affinché esso non disprezzi coloro che sperano in te e non possa dire ciò che già disse il faraone a Mosè: "Non conosco Dio e non lascio Israele libero di andarsene". Lo costringa la tua mano potente a uscire dal tuo servo affinché non presuma di poter tenere prigioniero chi tu ti sei degnato di creare a tua immagine e hai redento per mezzo del tuo Figlio. Egli insieme a te, in unione con lo Spirito Santo di Dio, vive e regna per tutti i secoli dei secoli.»

Il posseduto continua a urlare: «Zitto, zitto, stai zitto».

E sputa per terra e addosso me. È furioso. Sembra un leone pronto al grande balzo. È evidente che la sua preda sono io.

Capisco che devo andare avanti. E arrivo fino al «*Praecipio tibi*» – «Comando a te».

Ricordo bene quanto mi aveva detto padre Candido le volte che mi aveva istruito sui trucchi da usare: «Ricordati sempre che il "*Praecipio tibi*" è spesso la preghiera risolutiva. Ricordati che è la preghiera più temuta dai demoni. Credo davvero sia la più efficace. Quando il gioco si fa duro, quando il demonio è furioso e sembra forte e inattaccabile, arriva in fretta lì. Ne trarrai giovamento nella battaglia. Vedrai quanto è efficace quella preghiera. Recitala a voce alta, con autorità. Buttala addosso al posseduto. Ne vedrai gli effetti».

«Comando a te, chiunque tu sia, spirito immondo, e a tutti i tuoi compari presenti in questo servo di Dio, affinché per i misteri dell'incarnazione, passione, morte, resurrezione e ascensione del Signore nostro Gesù Cristo; per la missione dello Spirito Santo; per il ritorno dello stesso nostro

Signore per il giudizio: dimmi il tuo nome, il giorno e l'ora della tua uscita, con un qualche segno; e ti impongo di obbedire in tutto a me, ministro di Dio benché indegno, e di non causare in nessun modo danno a questa creatura di Dio, o ai presenti, o a ciò che loro appartiene.»

Il posseduto continua a urlare. Adesso il suo lamento è un ululato che sembra venire dalle viscere della terra. Insisto.

«Esorcizzo te, immondissimo spirito, ogni irruzione del nemico, ogni legione diabolica, nel nome del nostro Signore Gesù Cristo, di sradicarti e fuggire da questa creatura di Dio.»

L'urlo diviene ululato. E diviene sempre più forte. Sembra infinito.

«Ascolta bene e trema, o Satana, nemico della fede, avversario degli uomini, causa della morte, ladro della vita, avversario della giustizia, radice dei mali, fomite dei vizi, seduttore degli uomini, ingannatore dei popoli, incitatore dell'invidia, origine dell'avarizia, causa della discordia, suscitatore delle sofferenze.»

Gli occhi gli vanno all'indietro. La testa penzola dietro lo schienale della sedia. L'urlo continua altissimo e spaventoso. Padre Massimiliano cerca di tenerlo fermo mentre il traduttore arretra spaventato di qualche passo. Gli faccio segno di indietreggiare ulteriormente. Satana si sta scatenando.

«Perché stai lì e resisti, mentre sai che Cristo Signore ha distrutto i tuoi disegni? Temi colui che è stato immolato nella figura di Isacco, è stato venduto nella persona di Giuseppe, è stato ucciso nella figura dell'agnello, è stato crocifisso come uomo e poi ha trionfato sull'inferno. Vattene nel nome del Padre, del Figlio e dello Spirito Santo.»

Il demonio sembra non cedere. Ma il suo grido ora si attenua. Adesso mi guarda. Un po' di bava gli esce dalla bocca. Lo incalzo. So che devo costringerlo a svelarsi, a dirmi il suo nome. Se mi dice il suo nome è segno che è quasi sconfitto. Svelandosi, infatti, lo costringo a giocare a carte scoperte.

«E ora dimmi, spirito immondo, chi sei? Dimmi il tuo nome! Dimmi, nel nome di Gesù Cristo, il tuo nome!»

È la prima volta che faccio un grosso esorcismo e, dunque, è la prima volta che chiedo a un demonio di rivelarmi il suo nome.

La sua risposta mi raggela.

«I'm Lucifer» dice con voce bassa e cadenzando lentamente tutte le sillabe. «Io sono Lucifero.»

Non devo cedere. Non devo arrendermi ora. Non devo mostrarmi spaventato. Devo continuare l'esorcismo con autorità. Sono io che conduco il gioco. Non lui.

«Impongo a te, serpente antico, nel nome del giudice dei vivi e dei morti, del tuo Creatore, del Creatore del mondo, di colui che ha il potere di precipitarti nella Geenna, affinché te ne vada via subito, con paura e insieme al tuo esercito furioso, da questo servo di Dio che ha fatto ricorso alla Chiesa. Lucifero, io ti impongo di nuovo, non in forza della mia debolezza, ma per la forza dello Spirito Santo, di uscire da questo servo di Dio, che Dio onnipotente ha creato a sua immagine. Cedi, dunque, cedi non a me ma al ministro di Cristo. Te lo impone il potere di colui che ti ha soggiogato con la sua croce. Trema di fronte alla forza di colui che, vinte le sofferenze infernali, ha ricondotto le anime alla luce.»

Il posseduto torna a ululare. La testa buttata di nuovo dietro lo schienale della sedia. La schiena curva. È passata più di un'ora. Padre Candido mi ha sempre detto: «Finché hai energie e forze vai avanti. Non si deve cedere. Un esorcismo può durare anche un giorno. Cedi solo quando capisci che il tuo fisico non regge».

Ripenso a tutte le parole che mi ha detto padre Candido.

Vorrei tanto fosse qui vicino a me. Ma non c'è. Devo fare da solo.

«Entri in te il terrore per il corpo dell'uomo, la paura per l'immagine di Dio. Non puoi resistere né indugiare ad andartene da questa persona, dopo che Cristo si è compiaciuto di abitare in un corpo umano. E affinché tu non mi stimi degno di disprezzo, dal momento che mi conosci come grande peccatore, te lo comandi Dio. Te lo comandi la maestà di Cristo. Te lo comandi Dio Padre. Te lo comandi Dio Figlio. Te lo comandi Dio Spirito Santo. Te lo comandi il mistero della croce.»

Non pensavo, prima d'iniziare, che potesse succedere. Ma d'un tratto ho la netta sensazione della presenza demoniaca davanti a me. Sento questo demonio che mi fissa. Mi scruta. Mi gira intorno. L'aria è diventata fredda. C'è un freddo terribile. Anche di questi sbalzi di temperatura mi aveva preavvertito padre Candido. Ma un conto è sentire parlare di certe cose. Un conto è provarle. Cerco di concentrarmi. Chiudo gli occhi e a memoria continuo la mia supplica.

«Esci, dunque, ribelle. Esci seduttore, pieno di ogni frode e falsità, nemico della virtù, persecutore degli innocenti. Lascia il posto a Cristo, in cui non c'è niente delle tue opere: lui ti ha spogliato, ha distrutto il tuo regno, ti ha incatenato e vinto e ha distrutto i tuoi imbrogli; ti ha buttato nelle tenebre fitte, dove a te e ai tuoi seguaci è riservata la fine. Perché resisti da spavaldo? Perché osi rifiutarti? Sei reo contro Dio onnipotente, di cui hai trasgredito gli ordini. Sei colpevole verso suo Figlio, il nostro Signore Gesù Cristo, che hai osato tentare e hai presunto di crocifiggere. Sei colpevole verso l'umanità a cui hai propinato il veleno mortale convincendola al male.»

È a questo punto che accade un fatto inaspettato. Un fatto che non si ripeterà più nel corso della mia lunga "carriera" di esorcista.

Il posseduto diventa un pezzo di legno. Le gambe stese in avanti. La testa allungata all'indietro.

E inizia a levitare.

Si alza in orizzontale di mezzo metro sopra lo schienale della sedia. Resta lì, immobile, per parecchi minuti sospeso nell'aria. Padre Massimiliano arretra. Io resto al mio posto. Il crocifisso ben stretto nella mano destra. Il rituale nell'altra. Mi ricordo della stola. La prendo e lascio che un lembo tocchi il corpo del posseduto. Questi è ancora immobile. Rigido. Zitto. Provo ad affondare un altro colpo.

«Vattene via da quest'uomo. Ti è duro resistere. Ti è duro ricalcitrare contro il pungiglione. Perché quanto più ritardi ad andartene, tanto più aumenta il tuo supplizio eterno, perché non disprezzi degli uomini, ma colui che domina vivi e morti; colui che verrà a giudicare i vivi e i morti e i tempi, per mezzo del fuoco. Esci empio. Esci scellerato. Esci con tutta la tua frode. Poiché Dio vuole che l'uomo sia il suo tempio. Perché allora ti ostini a rimanere qui? Da' gloria a Dio Padre Onnipotente, al cui cospetto ogni ginocchio si piega. Lascia il posto al nostro Signore Gesù Cristo, che per la salvezza dell'uomo ha sparso il suo sangue sacratissimo. Lascia entrare lo Spirito Santo, che per mezzo del suo beato apostolo Pietro ti ha abbattuto chiaramente nella persona di Simon Mago; che ha condannato la tua menzogna nei coniugi Anania e Saffira; che ti ha ucciso nella persona del re Erode, che si era rifiutato di dare onore a Dio. Lui ti ha buttato in perdizione per mezzo del suo apostolo Paolo, rendendo cieco il mago Elima; per mezzo dello stesso apostolo ti ha imposto di uscire dalla Pitonessa, comandandoti con la sua parola. Perciò vattene ora, vattene, ingannatore. La tua sede è il deserto; la tua abitazione è il serpente, umìliati e pròstrati. Non hai più tempo di aspettare. Ecco infatti che si avvicina presto il Signore dominatore: davanti a lui arde il fuoco, lo precede e brucia tutt'intorno i suoi nemici. Mentre puoi ingannare l'uomo, non puoi irriderti di Dio. Ti caccia via lui, ai cui occhi niente è nascosto. Ti espelle lui, alla cui forza tutte le cose sono soggette. Ti esclude lui, che ha preparato per te e per i tuoi angeli il fuoco eterno. Dalla sua bocca esce una spada tagliente: lui che verrà a giudicare i vivi e i morti, e i tempi per mezzo del fuoco. Amen.»

Un tonfo accoglie il mio Amen. Il posseduto si affloscia sulla sedia. Farfuglia parole che fatico a comprendere.

Poi dice in inglese: «Uscirò il 21 giugno alle ore 15. Uscirò il 21 giugno alle ore 15».

Quindi mi guarda. Adesso i suoi occhi non sono altro che gli occhi di un povero contadino. Sono pieni di lacrime. Capisco che è tornato in sé. Lo abbraccio. E gli dico: «Finirà presto».

Decido di ripetere l'esorcismo tutte le settimane. Tutte le volte si ripete la stessa scena. La settimana del 21 giugno lo lascio libero. Non voglio interferire con il giorno in cui Lucifer ha detto che sarebbe uscito. So che non devo fidarmi. Ma a volte il diavolo non è in grado di mentire.

La settimana successiva a quella del 21 giugno lo riconvoco. Arriva come sempre accompagnato da padre Massimiliano e dal traduttore. Sembra sereno. Inizio a esorcizzarlo. Nessuna reazione. Resta calmo, lucido, tranquillo. Gli spruzzo un po' d'acqua benedetta addosso. Nessuna reazione. Gli chiedo di recitare con me l'*Ave Maria*. La recita tutta senza dare in escandescenze. Gli chiedo di raccontarmi cosa è successo il giorno in cui Lucifer ha detto che se ne sarebbe andato via da lui.

Mi dice: «Come tutti i giorni sono andato a lavorare da solo nei campi. Nel primo pomeriggio ho deciso di fare un giro con il trattore. Alle 15 mi è venuto da urlare fortissimo. Credo di aver fatto un urlo terrificante. Alla fine dell'urlo mi sentivo libero. Non so spiegarlo. Ero libero».

Non mi capiterà più un caso simile. Non sarò mai più così fortunato, liberare un posseduto in così poche sedute, in soli quattro mesi, un miracolo. Gli esorcismi successivi dureranno anni. Non so perché il mio primo esorcismo è stato così agevole. Terrificante ma agevole. Non so perché sia stato l'unico caso in cui ho assistito alla levitazione. Non so davvero cosa Dio abbia voluto dirmi. Forse ha voluto farmi sperimentare tutta la malvagità di Satana ma anche darmi coraggio. Farmi vedere che ce la posso fare. Ne ho parlato a lungo con padre Candido. Che, invece, mi ha dato tutt'altra versione.

Trascorro con padre Candido quindici giorni indimenticabili in Liguria, a Sanremo. Sono giornate importantissime per il mio futuro di esorcista. Rivolgo a padre Candido tantissime domande. Purtroppo non ho con me un registratore. Non registro nulla di quanto mi dice. Ma gran parte dei nostri discorsi sono impressi indelebilmente nella mia mente.

Gli racconto dell'esorcismo fatto sul contadino romano. Del successo e del tentativo di capire cosa Dio mi abbia voluto dire. Mi dice: «Sbagli a farti tante domande. Non è Dio che ti parlava, ma Satana. Non chiederti mai se ci sia Dio dietro un esorcismo. Certo, Dio sconfigge Satana. È lui che vince grazie all'esorcismo. Ma non domandarti cose alle quali nessuno può rispondere. Non peccare di superbia. Fa' quanto devi fare e non porti troppe domande. Non lo sai? Noi non siamo altro che servi inutili».

Con padre Candido mi confronto sugli "arnesi" da usare durante un esorcismo. È lui che mi ha suggerito in precedenza di portare sempre con me la medaglia con innestata dentro un'immagine di san Benedetto. È lui che mi ha suggerito la stola viola, che è il colore della penitenza, più lunga di quella che usa il prete quando dice messa. Quindi l'aspersorio con l'acqua benedetta. È lui che ora mi ricorda una cosa che avevo dimenticato, un tubetto con dentro un olio speciale.

Dice: «Devi sempre portare con te durante gli esorcismi un olio speciale. Lo ottieni mescolando insieme l'olio dei catecumeni che si usa nel battesimo e l'olio dei malati che si usa per il sacramento dell'unzione degli infermi. Segna sempre il posseduto sulla fronte nei sensi, occhi, orecchi, narici, bocca e gola. Poi recita la preghiera del rituale. Se riesci imparala a memoria, così non devi tenere sempre in mano il libro. Stai molto vicino al posseduto. Tienigli, se riesci, una mano sul capo. Fai spesso dei segni di croce su di lui. Ricordati. È molto efficace la preghiera di liberazione che mi ha insegnato una suora, suor Erminia Brunetti, una figlia di San Paolo, morta in odore di santità. Dice: "Spirito del Signore, Spirito di Dio, Padre, Figlio, Spirito Santo, Santissima Trinità, Vergine Immacolata, angeli, arcangeli, santi del paradiso scendete su questa persona, fondila Signore, plasmala, riempila di te, usala, scaccia via da lei tutte le forze del male, annientale, distruggile perché essa possa stare bene, operare il bene, caccia via da lei i malefici, le stregonerie, la magia nera, le messe nere, le fatture, le legature, le maledizioni, i malocchi, l'infestazione diabolica, la possessione diabolica, l'ossessione diabolica, tutto ciò che è male, peccato, invidia, gelosia, perfidia, la malattia fisica, psichica, morale, spirituale, diabolica; brucia tutti questi mali nell'inferno perché non abbiano mai più a toccare lei e nessun'altra creatura al mondo. Ordino e comando con la forza di Dio onnipotente nel nome di Gesù Cristo Salvatore, per intercessione della Vergine Immacolata, col potere che ho dalla Chiesa benché indegno, a tutti gli spiriti immondi, a tutte le presenze che la molestano, di lasciarla immediatamente, di lasciarla definitivamente e di andare nell'inferno eterno incatenati da san Michele Arcangelo, da san Gabriele, da san Raffaele, dai nostri angeli custodi, schiacciati sotto il calcagno della Vergine santissima immacolata. Amen". Vedrai come reagiranno i dannati ad ascoltare questa preghiera! Reagiranno in modo forsennato. Non ti spaventare se all'inizio dell'esorcismo i posseduti hanno reazioni strane. Non ti impressionare di fronte ai singulti, ai movimenti rabbiosi, agli sputi. Lascia che si buttino per terra, che striscino come serpenti. Se puoi fatti aiutare da dei collaboratori a tenerli fermi. Una volta iniziato l'esorcismo interroga il demonio.

L'interrogatorio è importante. Non devi mai fare domande di curiosità. Ma solo domande utili alla liberazione. Prima domanda: "Come ti chiami?". Il demonio fa di tutto per nascondersi. Per lui rivelare il proprio nome è uno sforzo grandissimo perché deve scoprirsi. Ma deve dirlo perché non può resistere alla forza degli esorcismi. "Quando sei entrato? Come sei entrato? Quali sono stati gli scopi che ti sei prefisso con questa persona? Quando uscirai?" Queste le domande principali. Se il diavolo non risponde ripeti queste domande fino a che non risponde. Ricordati che il diavolo mente. Le sue risposte vanno sempre controllate. Una volta ho avuto un caso durissimo, una ragazza che non riuscivo a liberare. Chiedo al demonio: "Quando uscirai?". Mi risponde: "L'8 dicembre". Una data significativa, è la festa dell'Immacolata. Arriva l'8 dicembre. La chiamo, faccio un esorcismo lungo su di lei ma non si libera. Dopo cinque ore e mezzo di esorcismo sembra libera. Salti di gioia. Lacrime di commozione. Libera. Dopo una settimana è come prima. Chiedo al demonio: "Perché non sei andato via? Avevi detto che andavi via l'8 dicembre, perché non sei andato via?". E lui, con una voce di scherno: "Non te l'hanno mai detto che sono bugiardo? Non te l'hanno insegnato che io dico le bugie?". Perché il Signore permette certe cose? È difficile se non impossibile rispondere. Noi guardiamo molto a questa terra. Dio guarda molto alla vita eterna. E, dunque, è probabile che egli permetta le possessioni per ottenere alle anime un vantaggio che vale per l'eternità.

Non pensare che sia facile liberare un posseduto. I tempi sono sempre lunghissimi. Stai lottando contro il male assoluto, il male cieco. Non può essere una passeggiata. Il maligno è un puro spirito. È una forza che entra nel corpo. Ma a volte può semplicemente essere uno spirito che agisce su una persona senza possederla. Stai attento a non credere che tutti siano posseduti. Molti hanno semplicemente un'influenza negativa causata magari da un maleficio ma non sono posseduti. Padre Pio da Pietrelcina, ad esempio, subì attacchi dal demonio tutti giorni, tranne rare eccezioni. Veniva picchiato, sbattuto per terra. Erano vessazioni, non era posseduto. E così anche il curato d'Ars, Giovanni Maria Vianney. Vessazioni gravissime. Ma non possessione.

Altre persone subiscono danni alla propria casa: scricchiolii, botti, luci che s'accendono e si spengono a capriccio, che scoppiano. A un ingegnere capitava che in casa gli scoppiassero da trenta a quaranta lampadine al mese. Fenomeni che si curano con gli esorcismi. Ma non c'è alcuna possessione. Probabilmente in queste case in passato ha abitato un mago che faceva sedute spiritiche o qualcuno che faceva riti satanici. Oppure sul terreno dove è stata costruita la casa in passato c'era un cimitero. Ripeto, non sono possessioni ma comunque sono casi difficili. Puoi fare gli esorcismi, se vuoi, ma ricordati che non hai davanti a te il demonio in persona. Gli esorcismi, infatti, si fanno sulle persone possedute ma anche sulle *res*, sulle cose, ovvero case, oggetti, animali.

Spesso Satana non è da solo nel corpo delle persone che possiede. A volte ci sono tanti demoni. Gesù parla spesso delle legioni. Una volta esorcizzavo una religiosa. Una possessione tremenda. Vomitava di tutto. "Quanti siete?" chiesi. "Legioni, legioni, legioni" risposero. Mentre la esorcizzavo si dimenava di continuo. E saltava da una parete all'altra come una scimmia. Impossibile tenerla ferma.

Satana non ha un volto. È puro spirito e se vuole rendersi presente deve assumere un corpo fasullo secondo ciò che vuole determinare. A Padre Pio il demonio si presentava sotto forma di Gesù, alle volte di Maria, alle volte del suo superiore, alle volte del confessore. Padre Pio andava dal superiore e gli chiedeva: "Lei è venuto da me e mi ha detto di fare...". "No. Non sono assolutamente venuto da lei." E, infatti, non era lui. Era il demonio che usava uno stratagemma non raro, quello di mostrarsi con un volto e un corpo che nella realtà non esiste.

Contro il demonio ognuno deve trovare la propria misura. Anche gli esorcisti devono scoprire strada facendo quale loro azione è la più efficace contro Satana. Ci può essere un esorcista che se nomina Padre Pio provoca una reazione violenta nel posseduto e un altro esorcista che invece se lo nomina non riesce a provocare nessun effetto. La strada la devi trovare da solo. Sarà la tua strada. Ricordati sempre del santo Leopoldo Mandic. Viveva a Padova. Tutto il giorno stava chiuso nel confessionale. Spesso gli esorcisti lo chiamavano per avere un aiuto. Lui arrivava, assisteva in silenzio all'esorcismo, e poi alla fine interveniva dicendo: "Su, su, va' via. Va' via". E il demonio, d'incanto, spariva. Quella era la sua misura. Anche tu devi trovare la tua.

Non discutere col demonio e non accettare discussioni. È lui che deve rispondere alle tue domande e non tu alle sue. Chi partecipa a un esorcismo non deve parlare col demonio.

Solo gli esorcisti possono farlo perché loro sono gli unici a essere protetti.

Il demonio ti minaccerà. A me spesso di notte provoca rumori nella mia stanza. Non temere. Se sei con Dio è lui che ha paura di te. L'esorcismo è un combattimento. Si fa fatica. C'è molta tensione. Devi mettere in campo tanta forza interiore. La forza ti deve venire da dentro. Devi agire con lo spirito più che col fisico. Concentrati. Prega. Ci vuole fede perché Dio premia la fede. Ricordi il Vangelo? "Va', la tua fede ti ha guarito." Non pensare che Dio o la Madonna ti parlino. Ti suggeriscano cosa fare. Pensa piuttosto che loro sono con te. E che con te c'è anche una persona che non ti lascerà mai, il tuo angelo custode».

Sono ricordi sparsi quelli che ho di padre Candido. Ma sono ricordi preziosi. Lui è stato il mio maestro. È importante per un prete che inizia a fare esorcismi avere qualcuno con cui confrontarsi, qualcuno con cui parlare. È importante perché si capiscono tante cose. Ad esempio che ogni esorcismo è fatto di sei tappe. Sei traguardi da superare, ognuno con una sua particolare difficoltà.

Appena l'esorcista mette piede nella stanza dove c'è la persona posseduta una presenza comincia a farsi sentire. Chiunque si trovi nella stanza sente chiaramente questa presenza. Cos'è? È un qualcosa di non umano. O meglio, un qualcosa di antiumano. Qualcosa che non si può spiegare ma che c'è. È questa la prima tappa, la prima difficoltà che s'incontra. Il riconoscimento ineludibile di questa sinistra presenza. Non si vede. Non si sente. Ma c'è. È ovunque. Davanti, dietro, sopra, sotto, di fianco alle persone. Avvolge tutto. Non ha genere, non è né maschile né femminile. Semplicemente c'è. E da subito inizia ad agire. Cerca di dilaniare l'essenza stessa delle persone presenti. Picchia nella mente, nel cuore. Occorre rimanere calmi e avere molta fede. Quindi trovare dentro di sé le giuste energie per reagire, per controbattere, per far sentire a questa presenza chi comanda, chi conduce i giochi.

Quando l'esorcismo inizia il demonio fa di tutto per celarsi. C'è, è presente, tutti lo sentono. Ma lui si cela. È questa la seconda tappa della battaglia, la lotta contro il suo tentativo di nascondersi. Ricordo una volta che mi sono trovato a esorcizzare una persona con una possessione profonda e radicata. Quando iniziavo l'esorcismo il diavolo restava muto. La faccia della donna era di pietra. Una statua. Il diavolo zitto. Era un modo tramite il quale cercava di prolungare la sua presenza nella persona posseduta.

Il compito dell'esorcista è quello di costringere il diavolo a svelarsi, a uscire allo scoperto. Insomma, a dire il proprio nome. Il nome è importante, perché dice molto di chi sia il diavolo che si ha di fronte. Ad esempio, se un diavolo ha un nome biblico – Satana, Asmodeo, Belzebù, Baal, Lucifero o altro – è più potente. Nell'inferno c'è una gerarchia. I diavoli sono più importanti anche a seconda del nome che portano.

Dunque, il diavolo si nasconde. E spesso se parla lo fa con la voce del posseduto. Fa finta di essere la persona che possiede. Parla del più e del meno. Non dà subito in escandescenze. E cerca la compassione dell'esorcista. Cerca di convincerlo che l'esorcista è un malvagio. Che lui è buono mentre l'esorcista è cattivo. Superare la finzione, costringere il diavolo a parlare, è un'impresa di intere settimane, a volte di mesi. Se l'esorcista non riesce a fare sì che il diavolo si sveli ha perso. In questo caso deve lasciare che sia un altro esorcista a operare.

Man mano che la finzione cade, il diavolo diventa sempre più violento. È questa la terza fase che molti chiamano punto di rottura. È quando il demonio rompe la finzione ed esce allo scoperto. È come un vulcano che di colpo erutta. Esce di tutto dal suo cratere, parolacce, urla, accuse, oscenità. Il posseduto si dimena, sbava, urla. È come se di colpo tutto l'odio presente nel mondo si palesasse nel corpo del posseduto. Il diavolo attacca con ogni mezzo l'esorcista che ha davanti. L'attacco è palese, fisico, ma anche spirituale. Tutto l'esorcista è sotto attacco, anima e corpo. Quando il diavolo è costretto dall'esorcista a rivelare, nel nome di Cristo, il proprio nome, il punto di rottura è raggiunto. Adesso il diavolo parla con la sua voce che solitamente è disumana, con accenti e toni che nessun uomo ha mai avuto prima. Quando il diavolo fa sentire la propria voce significa che la quarta tappa è raggiunta. A volte le parole del diavolo sono incomprensibili. A volte il suo è soltanto un lungo ululato. Un feroce lamento. È in questo momento che l'esorcista deve imporre la sua autorità. È in questo momento che deve prendere l'iniziativa e imporre al diavolo il silenzio. Nel nome di Gesù e con l'autorità conferitagli da questi e dalla sua Chiesa l'esorcista deve fare tacere il diavolo e condurre lui i giochi della battaglia.

Adesso la voce del demonio si spegne. E si raggiunge la quinta fase, quella dello scontro. Il diavolo sta in silenzio. I giochi li conduce l'esorcista. La battaglia è aperta, totale, a tutto campo. Tutto lo spirito del male è buttato addosso all'esorcista che con la sola arma dell'affidamento a Cristo deve resistere e controbattere. L'esorcista non deve fuggire dallo scontro. Anzi, deve cercarlo il più possibile. Perché alla fine la vittoria potrà arrivare soltanto se la sconfitta del diavolo è totale. L'esorcista deve continuare a rivolgere al demonio le sue domande: «Quando te ne andrai? Perché sei entrato? Chi sei esattamente? Cosa vuoi? Perché fai del male a questa persona?». Dopo un po' il demonio sputerà fuori tutto. Risponderà a tutto. A più domande il demonio risponde più s'indebolisce e più si avvicina il momento dell'espulsione.

Perché il demonio non vuole uscire? È molto semplice, perché non sa dove andare. Basta ricordare il Vangelo: «Dove dobbiamo andare?» chiedono a Gesù gli spiriti immondi. «Anche noi dobbiamo avere un'abitazione.» Il corpo del posseduto è come una casa che lo spirito immondo ha trovato. Una casa che non vuole lasciare. Ma questa casa egli deve abbandonarla prima o poi, se non altro il giorno in cui il posseduto muore. Il tentativo dell'esorcista è quello di cacciarlo fuori prima che il posseduto muoia. È per questo che, capendo che presto deve andarsene, l'attacco del diavolo contro l'esorcista è feroce. Spesso si sente un odore nauseante nella stanza dell'esorcismo. Una sensazione di angoscia infinita pervade tutto e tutti. È come se la pura essenza del male fosse lì presente. Il male e tutto ciò che di antiumano esiste sono lì. Due mondi si fronteggiano, il mondo del bene e il mondo del male. Due mondi che corrispondono a due possibilità. Se l'esorcista tiene duro e si aggrappa a Cristo raggiunge il suo ultimo traguardo, il sesto, l'espulsione. Di colpo la presenza malefica scompare. Non c'è più. Regna la pace. Il posseduto spesso non ricorda nulla. Si sente libero e felice.

Nei miei venticinque anni di esorcistato ho lottato tante volte contro il demonio. A volte era Satana. A volte era un suo suddito più o meno importante. A volte erano diversi suoi sudditi. Sono tantissimi gli esorcismi che posso raccontare. Tanti li ricordo nei dettagli. C'è un esorcismo, però, che ancora oggi torno più volte a studiare. Non è un esorcismo fatto da me. È un incredibile "faccia a faccia" con Satana che un sacerdote mio confratello anni fa volle raccontare integralmente all'interno della rivista della nostra comunità Orizzonti. Venne poi ripreso da altri giornali, tra questi ricordo il «Segno del soprannaturale» e il saggio di Renzo Allegri *Cronista all'inferno*. È un dialogo avvenuto a Piacenza nel 1920, una perla preziosa per tutti gli esorcisti perché insegna tante cose. È un dialogo terribile, grave, che però durò appena il tempo di quindici sedute. Un esorcismo che ha avuto strascichi drammatici. Una volta espulso, infatti, il diavolo è tornato per vendicarsi andando a uccidere alcune persone vicine alla persona posseduta.

3
A VOLTE IL DIAVOLO RITORNA, PER UCCIDERE

È una sera di inizio maggio del 1920. Il convento di Santa Maria di Campagna, a Piacenza, si trova appena fuori città. Vi abitano dei frati minori, conosciuti da tutti e da tutti stimati. Il convento è un luogo che aggrega diversi fedeli, un luogo di Dio che attira anime e conversioni. Un luogo benedetto dal cielo. E per questo odiato da Satana.

Un frate, padre Pier Paolo Veronesi, sta riordinando la sagrestia e gli arredi sacri, quando una signora si presenta per chiedere di essere benedetta. Desidera che la benedizione le venga impartita davanti all'altare della Madonna. Ottenuta la benedizione la donna chiede di parlare col frate. Gli confida cose tenebrose che la riguardano. Padre Pier Paolo l'ascolta senza metterle fretta. Il racconto è sbalorditivo. Dice che in certe ore del giorno una forza misteriosa, più forte di lei, s'impossessa del suo corpo, della sua anima e che, in quelle circostanze, sebbene riluttante, balla al ritmo del tango per ore, fino a cadere a terra esausta. Dice che canta, con voce splendida, stornelli, romanze, brani d'opera che non ha mai udito prima. Dice che tiene lunghissimi discorsi in lingue straniere davanti a un pubblico immaginario. Che canticchiando parla in versi della sua fine imminente e della fine di tutte le sue sorelle. Racconta che spesso con i denti lacera tutto ciò che le capita. Che ha così rovinato tutta la sua biancheria. Spiega che in casa striscia come un serpente sotto i letti, i mobili. Poi ruggisce come un leone. Ulula come un lupo. Miagola come un gatto. Insieme racconta di avere dentro di sé doni nuovi. Vede il futuro. Prevede ciò che accade. Sa riportare conversazioni alle quali non è stata presente e avvenute a centinaia di chilometri di distanza. Riesce a fare salti da acrobata, da un mobile all'altro. Sostiene di essere diversa. A volte di desiderare cose terribili, come la morte. Come il suicidio.

«Creda, padre,» dice la donna al frate «la mia vita è diventata un vero inferno. Anche se sono madre di due bambini, penso alla morte come a una fuga, a una liberazione.»

Padre Pier Paolo è abituato a certi tipi di testimonianze, anche alle più bizzarre. È cappellano del manicomio di Piacenza da tempo. Ne ha viste di cotte e di crude. Subito pensa a una malattia psicologica. Così chiede alla donna se si sia fatta visitare da qualche medico. La donna gli spiega che è andata da tutti i medici di sua conoscenza e che le hanno detto tutti d'essere «un tipico caso d'isterismo». Un caso che «dura da sette anni». Ma, dice la donna, «io non ci credo. Non sono per nulla convinta che sia così. Io, padre, non sono isterica e nemmeno pazza».

«E allora?»

«Allora, poiché non posso più sperare di ricevere alcun aiuto dagli uomini, ho sentito il bisogno di rivolgermi a Dio, di raccomandarmi a lui. Sono andata, nonostante provassi molta ripugnanza, in tutte le chiese della città per pregare, per farmi benedire, e confesso che, soprattutto la benedizione, mi fa stare meglio, almeno per qualche giorno. Ma ormai sono andata tante volte, che quasi non ho più il coraggio di ripresentarmi, temo che i sacerdoti mi credano pazza.»

Padre Pier Paolo comincia a interessarsi molto al racconto.

«Mi fu detto che sulle colline piacentine c'era un parroco famoso per le sue benedizioni. Smaniosa di farmi benedire da lui, una domenica dopo pranzo mi feci prestare un calesse per il viaggio. In compagnia di mio marito e dei miei genitori mi misi in viaggio. Il cavallo, ottimo trottatore, per un bel po' divorò la strada, ma quando, a un certo punto, cominciai a sentirmi male, anche il cavallo si fermò di colpo. Lo frustarono a sangue. La povera bestia, tra calci e impennate, puntò le gambe, allungò il collo, ma non si mosse. Allora, quasi fuori di me, saltai giù dal calesse, mi liberai dalla stretta dei miei familiari e, volando circa mezzo metro da terra, attraverso i campi, salii la collina in direzione della chiesa presso la quale dovevamo andare. La gente che in quel momento usciva dalla benedizione pomeridiana vedendomi salire a quel modo urlando, gesticolando, coi veli e coi capelli all'aria cominciò a far rumore. Le donne gridavano, qualche cane abbaiava, le galline volavano spaventate dai campi verso casa. Finalmente arrivai sul piazzale. Tutti mi fecero largo e io, sempre in volo, infilai la porta semiaperta della chiesa e andai a cadere lunga distesa proprio davanti all'altare maggiore, sul quale era esposta un'immagine di san Espedito. Il parroco, seguito dalla folla, accorse e, intuita la cosa, mi benedisse, io rinvenni e per diversi giorni stetti benissimo.»

Padre Pier Paolo ascolta la donna senza battere ciglio. La donna gli domanda cosa ne pensa. Questi, sempre convinto di trovarsi di fronte a un caso patologico, risponde vagamente: «Certamente sono fenomeni strani, molto strani». E aggiunge: «Senta, se la benedizione le fa bene, venga pure quando crede senza timore; se non ci sarò io, ci sarà pur sempre qualche mio confratello».

Alcuni giorni dopo la donna si presenta di nuovo. Mentre padre Pier Paolo è intento a benedirla davanti all'altare della Madonna, lei, seduta vicino a una colonna del presbiterio (aveva infatti domandato di sedersi), sommessamente, a bocca chiusa, comincia a ululare come un cane che si lamenta nel sonno; poi, reclinata la testa alla colonna, a occhi chiusi, con le mani in grembo, si abbandona improvvisamente al canto, un canto ricchissimo, passionale, splendido. Dopo aver cantato, stando sempre nella medesima posizione, in un linguaggio sconosciuto, prende a inveire contro qualche cosa d'invisibile, con una violenza tale da sembrare una pazza nel colmo del furore. In quel momento esce dal coro e si accinge ad attraversare la chiesa un altro frate, padre Apollinare Focaccia. Questi sente il canto e le successive indecifrabili imprecazioni. E a sera, conversando con padre Pier Paolo, chiede: «Ha osservato quella signora?».

«Sì, perché?»

«Non è rimasto impressionato?»

«A dirle il vero, no. Come cappellano del manicomio, ormai sono abituato a certe scene.»

E, infatti, la donna non gli ha fatto nessuna impressione; è vero, inveiva, ma non si muoveva.

«Ma guardi» continua il confratello «che quella signora è indemoniata.»

«Non esageriamo» ribatte padre Pier Paolo. «Non dobbiamo tanto facilmente accedere a quelle così facili suggestioni popolari che vogliono vedere l'intervento del diavolo in tutto ciò che non appare facilmente spiegabile. Tant'è vero che la scienza umana non è in grado di spiegare tutto, ma non dobbiamo disprezzare le nostre forze di raziocinio. Quello che la scienza non è riuscita a spiegare oggi, riuscirà a spiegarlo domani.»

Padre Apollinare non è persuaso: «Siamo sinceri. Non voglio apparirle un credulone. Ma le confesso che non riesco a spiegare in puri termini umani la capacità di una donna di assumere atteggiamenti così fuori dall'ordinario. Come può una persona parlare una lingua sconosciuta? Non si può neppure tentare di avanzare una spiegazione che si appoggi al subcosciente o a qualche eccezionale struttura psicologica. La mente umana non può esprimere in termini di logica ciò che essa non ha appreso. Non si tratta di una intuizione inespressa; non si tratta di una suggestione inafferrabile: è un nuovo mondo logico, misterioso perché non consueto sia a noi che alla signora. Appunto, è un mondo nuovo che si sostituisce all'attuale».

«Padre Apollinare, venga con me una volta in manicomio. Potrò mostrarle tanti casi interessantissimi, di cui la scienza non è ancora venuta a capo.»

«Verrò e cercherò di osservare come mi sarà possibile. Mi dica, è mai riuscito a notare un caso che anche lontanamente assomigli a questo?»

«Francamente no.»

«Si potrebbe ammettere, almeno in via d'ipotesi, senza recare offesa alla scienza, la possibilità di un intervento diabolico. La signora è persona normalissima, solo che, talvolta, perde coscienza di sé e assume una personalità differente dalla sua, una personalità nuova che s'impossessa del suo corpo e se ne giova come di uno strumento docilissimo. Ha sentito come cantava? Neanche il più celebre soprano del nostro secolo è in grado di cantare come ha fatto lei. E poi quelle ingiurie strane dette in una lingua così bizzarra. No, padre, è un fatto che deve fare riflettere. Per me, quella signora è posseduta. È un caso eccezionale. San Pietro dice che i diavoli furono legati "con le catene dell'inferno per essere tormentati e serbati per il giorno del giudizio". Quindi il luogo loro è senz'altro l'inferno. Tuttavia san Paolo, nella Lettera agli Efesini, dice che essi stanno nell'aria. Gesù stesso dice una volta, secondo il resoconto di Matteo, che il loro soggiorno è nell'inferno e un'altra volta dice, secondo il resoconto di Luca, che è nel deserto. Tutto ci autorizza qui a credere alla possibilità di una presenza diabolica. Del resto, la possessione è fenomeno largamente conosciuto e noi non avremmo da far altro, per assicurarcene, che leggere il Vangelo. Inoltre, dai primi tempi del cristianesimo si usò contro la possessione l'esorcismo. Gli esorcisti costituivano un ordine particolare della Chiesa. L'azione diabolica era molto vivace nel mondo pagano (e i nostri missionari dicono altrettanto per il mondo pagano d'oggi), perciò l'esorcismo aveva luogo innanzitutto in occasione del battesimo Ma anche i già battezzati venivano esorcizzati se sospettati di possessione diabolica. D'accordo, non bisogna esagerare, e san Tommaso ce ne avverte chiaramente. Ma è anche vero che noi troppo facilmente dimentichiamo che Satana è il principe di questo mondo, che Satana ha tentato Gesù e che proprio quando è cacciato dal nuovo regno della grazia, allora tenta con i maggiori sforzi possibili di mantenere il suo dominio. Come tutto ciò possa concretamente avvenire, è un mistero. Non è certamente possibile negarlo. Ma ci è anche assolutamente impossibile negare certa possibilità d'impero che il demonio ha sulla natura, sia essa fisica che umana. E qui tutti gli evangelisti, compreso san Paolo, ce ne avvertono con tutta chiarezza.»

Padre Pier Paolo è attento alle parole del suo confratello. E risponde: «Tutto verissimo, caro padre, ma io non discuto il principio, discuto solamente il fatto, mettendo in dubbio che realmente quella signora sia posseduta dal demonio».

Padre Apollinare non si dà per vinto. Insiste, tanto che il mattino dopo padre Pier Paolo, morso dai dubbi, si presenta dal vescovo della diocesi. Vuole far tacere lo scrupolo di coscienza che le parole del confratello gli hanno suscitato. Monsignor Giovanni Maria Pellizzari è persona profondamente amorevole e dolce, ma anche quanto mai risoluta.

Dopo essersi fatto raccontare il caso in modo dettagliato, e dopo una seria riflessione, dice senza preamboli: «Caro padre, faccia un esorcismo su questa persona. È un ordine».

Padre Pier Paolo non si aspetta una tale risposta. Sussulta come se l'avesse investito un'auto in corsa. Chiede: «Eccellenza, è proprio necessario?».

«Sì.»

«E davvero lo dovrei fare io?»

«Sì.»

«Non potrebbe incaricarne un altro?»

«O lei o monsignor Mosconi, ma sarebbe meglio lei, che già conosce la persona.»

«Perdoni, eccellenza. Se ben ricordo ho udito dire che il demonio, negli esorcismi, inveisce contro il sacerdote, inventando sul suo conto storie tutt'altro che piacevoli. E se la donna è davvero indemoniata...»

«Ma chi vuole che creda alle parole del demonio? Non sa che il demonio è il padre della menzogna?»

«Lo so in teoria. Ma in pratica coloro che mi dovranno assistere, crederanno davvero che il demonio dice soltanto delle bugie?»

«Faccia l'esorcismo» ripete il vescovo col tono della voce che non ammette repliche. E si alza per congedarsi.

Padre Pier Paolo esce dall'episcopio in condizioni di spirito abbastanza difficili. Pensa: "E se il demonio davvero si palesasse? Cosa succederà? Confesserà davanti a tutti i presenti i miei peccati? E se ne inventa di altri?".

Padre Pier Paolo ha paura. Paura di parlare con il demonio, di vederlo all'opera. Di trovarselo di fronte. Non vuole credere nell'esistenza del demonio perché del demonio ha paura. È un bravo frate. Crede di essere un grande peccatore. E ciò lo rende sempre tremebondo. Pensa: "E se la donna fosse semplicemente un'isterica? Se dopo averla tormentata con degli esorcismi, diventasse ancora più isterica, più matta di prima? Quali le conseguenze?".

Sta già per tornare indietro dal vescovo per confidargli tutti i suoi dubbi quando qualcosa dentro di lui gli dice di non farlo. Una voce gli parla e gli dice: "Non temere. Fa' ciò che ti è stato chiesto. Non avere paura".

Così padre Pier Paolo si decide. Convoca alcune persone di fiducia e chiede loro di assistere all'esorcismo. Tra queste il dottor Lupi, il direttore del manicomio che tutta Piacenza conosce e stima. Lo trova nel suo studio.

«Dottore, mi capita un bel caso.»

In pochi minuti lo mette al corrente della cosa. Dice il dottore: «È davvero un bel caso. Assisterò volentieri alle sedute. Ma a una condizione: che a esorcismo compiuto lei tenga le sue opinioni e io le mie. A meno che i fatti non siano così evidenti da condurci tutti e due alla medesima conclusione».

Padre Pier Paolo non si limita a invitare alcune persone. Fa di più. Chiede a un confratello, padre Giustino, che conosce bene la stenografia, di fissare su carta lo svolgersi dei dialoghi. È la prima volta che un esorcismo viene registrato. Un fatto unico e incredibile almeno per quei tempi. Ma il fatto risulterà essere unico anche per come l'esorcismo si svolgerà. Un esorcismo di una violenza inaudita, in un certo senso unica.

Alle ore 14 del 21 maggio 1920 avviene il primo esorcismo. La donna, pallida, elegante, giunge accompagnata dal marito, dalla madre, da un amico di famiglia e da due ragazze. Vengono ricevuti da padre Pier Paolo, da padre Giustino e dal dottor Lupi. La sala adibita all'esorcismo è al primo piano del santuario. È una bella, spaziosa sala, dagli ampi finestroni a lungo battuti dal sole. In fondo alla sala, un piccolo altare portatile, sul quale è stata esposta, fra due candele, la teca del santo legno della croce. Davanti all'altare vengono poste due sedie, che devono servire da inginocchiatoio all'esorcista e al suo assistente, per le preghiere preparatorie. Un poco più indietro, una poltroncina di vimini per la signora e, ai lati, in semicerchio, altre sedie per gli assistenti e i testimoni. A destra dell'altare, la poltrona per il medico, a sinistra, il banco dello stenografo e un piccolo tavolo con sopra la stola, la cotta, il rituale romano, l'aspersorio e il secchiello dell'acqua santa.

La signora viene fatta sedere. Ai suoi lati si dispongono, in piedi, gli assistenti, pronti per qualsiasi evenienza; le signore occupano le sedie in semicerchio. I due padri, in ginocchio davanti al piccolo altare, incominciano a recitare le litanie dei santi; poi, come prescrive il rituale, si volgono verso la donna e iniziano a recitare le preghiere preparatorie.

«*Exorcizo te, immundissime spiritus, omne phantasma, omnis legio*» dice padre Pier Paolo. E subito la donna, che fino ad allora è rimasta seduta, sbadigliando e stirandosi le braccia come fosse una belva che sta per svegliarsi, improvvisamente, unite le mani alla punta dei piedi, si lancia con mirabile eleganza in aria e piomba poi, snodandosi come una biscia, in mezzo alla sala, rimanendovi sdraiata. Il corpo della donna è totalmente trasformato. Il suo volto è orribile. Immediatamente cerca di scagliarsi contro l'esorcista, gridandogli con maschia voce tonante: «Ma chi sei tu, che osi venire a combattere con me? Non sai ch'io sono Isabò, che ho le ali lunghe e i pugni robusti?». E scarica all'indirizzo del sacerdote un cumulo d'ingiurie.

L'esorcista, vinto dall'emozione, sulle prime si sente come annientato, ma poi una forza nuova l'invade, e si sente forte di uno spirito combattivo ch'egli non sa umanamente spiegarsi. Impone alla donna di tacere.

«Io, sacerdote di Cristo, impongo a te, chiunque tu sia, e

te lo impongo per i misteri dell'incarnazione, della passione e della resurrezione di Gesù Cristo, per la sua salita al cielo, per la sua venuta al giudizio universale, di star fermo, di non far male né a questa creatura di Dio né ai circostanti, né alle cose loro, e di ubbidire in tutto a ciò che ti comando.»

È adesso che inizia un dialogo durissimo tra il demonio e l'esorcista. Un dialogo che lascia senza fiato.

«In nome di Dio, dimmi, chi sei?»

«Isabò» urla la donna, rossa in faccia e con gli occhi sbarrati.

«Che cosa significa Isabò?»

«Tu hai dei nemici che...»

«Che cosa significa Isabò?»

La donna prova a deviare il discorso ma la domanda dell'esorcista è perentoria.

«Che cosa significa Isabò?»

La donna si morde le braccia e le mani. Cerca di afferrare l'abito dell'esorcista. Grida: «Significa essere fatturato così bene da non potersene più distaccare». Il termine "fatturazione" vuol significare riferimento ad arte di stregoneria.

«Che potere hai?»

«Il potere che mi danno.»

«Che potere ti danno?»

«Tante forze.»

«Da chi ricevi queste forze?»

«Dalla persona in cui sa scongiurarmi.»

«Ma che italiano è questo?»

La donna ha un fremito di sdegno.

«Non sono italiano io» urla sarcasticamente. Ed esce in una tempesta d'ingiurie che si sarebbe rinnovata molte volte successivamente.

Il sacerdote continua imperterrito.

«Da dove vieni?»

«Ma tu mi comandi come se io fossi il tuo servo.»

«Dimmi da dove vieni. Nel nome di Dio, di quel Dio che tu ben conosci, dimmi da dove vieni.»

La donna, udito il nome di Dio, gira la faccia e rimane immobile per parecchi secondi.

«In nome di Dio, per il suo sangue, per la sua morte, dimmi da dove vieni.»

«Dai deserti lontani.»

«Sei solo o hai dei compagni?»

«Ho dei compagni.»

«Quanti?»

«Sette.»

«Perché sei entrato in questo corpo?»

«Per un forte amore non corrisposto.»

«Non corrisposto da chi?»

«Sei un imbecille.»

«Rispondi! Chi non ha corrisposto questo amore?»

«Questo corpo» urla la donna, dandosi un forte pugno sul petto.

«E perché non ti ha corrisposto?»

Fiera, sdegnosa, alta suona la risposta della donna.

«Perché ciò non è giusto.»

«Dunque questo corpo è una tua vittima.»

Le parole del padre vengono sottolineate da una risata orribile. La donna ride, ma questa volta a bocca chiusa, e assumendo un muso da maiale la cui vista gela tutti in un brivido di spavento.

«Quando sei entrato in questo corpo?»

Costretta dall'esorcismo, tra violentissimi sobbalzi che mettono a dura prova i muscoli degli assistenti che in qualche modo cercano di tenerla ferma, la donna risponde.

«Nel 1913, il 23 aprile, alle ore 5 del pomeriggio.»

Secondo la dichiarazione della donna, uno spirito estraneo è entrato nel suo corpo in seguito al maleficio di uno stregone, per mezzo di un bicchiere di vino, di un poco di carne di salame e di qualche goccia di sangue.

«Hai invaso solo questo corpo o anche i membri della famiglia?»

«Anche i membri della famiglia.»

«Dammene una prova.»

«Quando questo corpo sta male, anche la famiglia è indisposta.»

«Quanto tempo hai impiegato per entrare in questo corpo?»

«Sette giorni.»

«In che luogo è successo?»

«In una casa di qui.»

«Quale?»

«Non chiedere,» grida allarmata la donna «non si può.»

«Allora vattene!»

«No, mai.»

Padre Pier Paolo rinnova l'esorcismo.

«T'impongo di uscire.»

«Non esco. Sono Isabò.»

E in un impeto di ribellione si sbarazza degli assistenti, si lancia contro il sacerdote, gli afferra l'abito e gli strappa la stola, gridando: «Hanno impiegato sette giorni per farmi entrare, e tu vuoi farmi uscire da questo corpo con un solo esorcismo?».

Il momento è critico. Tutti cercano di tenere ferma la donna. Solo il dottore sta fermo, impassibile. Il sacerdote benedice la donna con l'acqua santa e lei, come fosse scottata da fuoco vivo, si getta a terra contorcendosi.

«Quando uscirai?»

Un'espressione di profonda tristezza muta il volto della donna. «Come debbo fare, se, mentre tu lavori perché io me ne vada, altri stanno lavorando perché resti?»

«Rispondi, in nome di Dio, quando te ne andrai?»

«Uscirò quando avrò rigettato la palla che tengo nel ventre.»

Di cosa si tratta? Della palla di salame con il quale era stato compiuto il maleficio. Viene preparato un catino.

«Rigetta!»

La donna, con un balzo formidabile, è sul catino e rigetta qualcosa.

«Dimmi, immondo spirito, le parole che ti fanno soffrire di più.»

Il sacerdote vuole costringere la donna a rigettare tutta la roba malefiziata. L'ossessa si volge verso l'esorcista con terrore e non risponde. Ma quando le viene ripetuta la domanda, con uno scatto inesprimibile di spavento e di ribellione, urla: «No!».

È decisa a combattere e lo fa duramente, finché, dopo un momento d'incertezza e di paura profonda, non ha finalmente a scandire, nel silenzio della sala: «Sanctus! Sanctus! Sanctus!».

L'esorcismo dura ormai da troppe ore. La donna è sfinita. Dopo aver imposto allo spirito di non fare del male ad alcuno, il sacerdote pone fine all'esorcismo.

È notte.

Padre Pier Paolo non ha più alcun motivo di dubbio. Del resto il suo aspetto stesso lo manifesta chiaramente. È sconvolto. Rilassato in tutti i muscoli del corpo, ma contratto nei muscoli del volto. Ha poca voglia di parlare. Tuttavia dice: «È inimmaginabile come lo spirito del male possa resistere alle armi della salvezza e ai comandi del sacerdote».

Quante volte Satana ha resistito ai miei comandi! Cristo è più forte di lui ma spesso egli riesce a resistergli. Perché Satana, pur essendo assoggettato a Cristo, resta comunque una figura potente, drammaticamente potente. La sua potenza l'ho sperimentata tante volte, il suo astio, la sua durezza, il suo radicamento nel corpo degli uomini. Ci sono tanti segnali che dicono che una possessione è particolarmente potente e radicata. Uno di questi è quando il diavolo rimane in silenzio per tanto tempo. Più sta zitto, più è radicato nel corpo che possiede.

Simone è un ragazzo di diciotto anni. Viene da me un giorno con il suo papà. È perennemente depresso. I medici non riescono ad aiutarlo. Diffido della diagnosi del padre il quale sostiene che suo figlio è posseduto da qualcosa di malvagio. Ritengo, osservandolo, che si tratti davvero soltanto di depressione. Ma, si sa, non ho come padre Candido il dono di capire al volo se una persona è posseduta o meno. Per capirlo devo esorcizzare.

Mi dice il padre: «Simone sta sempre in silenzio. Tutto il giorno. Non parla mai».

«Da quanto tempo fa così?»

«Da un anno. Di colpo, un giorno, ha smesso di parlare.»

«Cosa dicono i medici?»

«I medici dicono che ha una profonda depressione. Lo riempiono di farmaci, ma non ha mai dato segnali di miglioramento.»

Mi avvicino a Simone. Lo faccio accomodare su una sedia nel mezzo della stanza. Chiedo a suo padre di scostarsi. Indosso la stola. Prendo l'acqua benedetta, il rituale, l'olio santo e inizio l'esorcismo.

Simone tiene la testa bassa. Non reagisce. Resta in silenzio. Nemmeno mi guarda.

Continuo l'esorcismo per almeno mezz'ora. Niente. Nessuna reazione.

Dico al padre: «Secondo me suo figlio non è posseduto. Ma se vuole può tornare la settimana prossima. Proveremo a rifare l'esorcismo una seconda volta. E poi valuteremo».

La settimana successiva i due tornano.

Li faccio accomodare e ricomincio da dove ci eravamo lasciati. Inizio il mio esorcismo. Cerco di usare le parole latine più dure. Lo segno più volte sulla fronte. Gli spruzzo l'acqua benedetta. Niente. Silenzio totale. Faccio per congedarli entrambi quando dalla bocca di Simone esce un sottile, appena percepibile, mugugno, pronunciato a bassa voce ma infinito.

Resto in silenzio. Anche il papà resta muto.

Il mugugno dura forse cinque minuti.

Simone mugugna senza mai prendere il respiro.

«Mmmmmm...»

«Chi sei tu?» chiedo a voce alta. «Rispondi, chi sei tu?»

Simone non dice nulla ma continua a mugugnare. Così lo incalzo con altre domande.

«Parla, nel nome di Gesù Cristo! Parla e dimmi chi sei!»

Dopo non poco tempo Simone alza la testa.

I suoi occhi mi penetrano.

Sento il suo male arrivarmi addosso.

Sento che il suo male è un qualcosa di vivo che spinge per entrare dentro di me. Ma resto saldo sui miei piedi. Oppongo alla sua forza la forza del crocifisso.

«Sono io che comando, spirito immondo. Parlami. Chi sei tu?»

Ma Simone ha già riabbassato la testa. Smette di mugugnare. E torna come prima. Silenzioso e lontanamente malinconico.

Finisco l'esorcismo e dico loro di tornare da me tutte le settimane. Per cinque anni Simone emette soltanto mugugni. Lunghi mugugni intervallati da qualche sguardo di odio intenso rivolto verso di me.

È davvero una tra le possessioni più dure con le quali ho dovuto combattere, non solo perché il diavolo non ha mai parlato. Ma anche per i suoi sguardi. Ogni suo sguardo è stata una coltellata dentro la mia anima. L'esorcista, infatti, non sempre esce senza danni dagli esorcismi. La battaglia, come tutte le battaglie, provoca ferite. Simone me ne ha provocate tante. Invisibili ma reali.

Non riuscirò mai a capire perché Simone è stato posseduto, perché la possessione è cominciata. So soltanto che dopo lunghi esorcismi durissimi nei quali il suo diavolo altro non ha fatto che mugugnare, un giorno Simone è riuscito a liberarsi. Inspiegabilmente il demonio è scomparso.

Nonostante il diavolo non abbia mai parlato è stata durissima per me. Combattere con un diavolo che riesce a restare in silenzio nonostante i ripetuti comandi è difficile. Significa che è una presenza forte e ben radicata.

Il diavolo che ha posseduto Simone mi ricorda molto, per durezza e profondità di radicamento nel corpo, quello di Piacenza del 1920. Anche qui la battaglia è andata avanti per lungo tempo, durissima e asprissima.

Padre Pier Paolo, a testa bassa, se ne va in cella, per cercare di riposare. Padre Giustino appare un poco più fresco. Ed è comprensibile, la fatica maggiore dell'esorcismo è toccata al suo confratello. Dà un sommario resoconto dell'accaduto agli altri frati. Poi dice: «Se volete una illustrazione del nostro caso, andatevi a rileggere sant'Agostino. Agostino dice che, dopo il peccato originale, la prima pena conseguitane è stata la morte. Morte morale alla vita della grazia e morte fisica. Ebbene, la morte conferisce al demonio una specie di proprietà su di noi. Egli ne ha pieno diritto, e l'abbandono dell'umanità decaduta ai suoi immondi poteri è avvenuto per pieno esercizio di giustizia. A causa del peccato Dio è stato cacciato dal cuore umano? Ebbene, egli se ne è ritirato, ed è subentrato il demonio. Il demonio può fare della natura decaduta, nei limiti consentitegli dall'ordine divino, ciò che gli piace. E ciò spiega l'enorme numero di posseduti e di ossessi che c'è tuttora nel mondo pagano. Gesù stesso ha incontrato sul suo cammino una quantità notevolissima di posseduti. Gesù è appunto venuto per combattere ed estirpare dal mondo il regno del demonio. Dio si è fatto uomo per combattere Satana. Un esito di questo primo e decisivo combattimento è stato quello che nel pomeriggio di oggi padre Pier Paolo ha dovuto combattere contro lo spirito dell'ossessa. Per un nuovo mistero d'iniquità e perché il Signore l'ha concesso, un sortilegio ha permesso al maligno di impossessarsi di quella povera donna. I disegni di Dio noi non possiamo giudicarli e non possiamo neppure tentare di sapere perché Dio ha permesso questo caso di possessione. Sta di fatto che il diavolo pare si sia impossessato con gioia, con voluttà, di quel corpo, quasi per rivendicare un suo antico diritto, strappandolo dalle mani di Cristo e della Chiesa. È una forza enorme, spaventosa, che è riuscita a ghermire un corpo consacrato dal battesimo e dai sacramenti. Dio sa quel che fa e quel che permette. Tutto è a servizio dei fini della divina provvidenza. Egli permette il male per ricavarne il bene. E ciò deve essere ripetuto specialmente nei riguardi del nostro caso. Ma Satana non è una forza passiva, massiccia ma inerte. È invece una forza spaventosamente attiva. Padre Pier Paolo vincerà, e ne nascerà un gran bene, se non altro per l'immenso significato di avvertimento che l'episodio avrà agli occhi della gente: ma avrà da combattere molto. Ha combattuto Gesù, per primo, contro le tentazioni e il potere del demonio: combatterà anche padre Pier Paolo. E, come ha vinto Gesù, così vincerà anche padre Pier Paolo. Ma ne vedremo delle belle.»

Davvero padre Pier Paolo vincerà? Dipende da cosa s'intende per vittoria.

Il secondo esorcismo ha luogo nel pomeriggio del 23 maggio successivo. Vi intervengono tutti coloro che già assistettero al primo esorcismo, esclusa la madre della signora, che era rimasta terrificata da ciò che aveva veduto, e che non se l'era sentita di tornare ad assistere a quello strazio. Dopo le rituali preghiere preparatorie, riprendono gli scongiuri. Ma lo spirito, sempre altezzoso, si rifiuta di uscire, perché, dice, altri stanno lavorando per farlo restare. Questi tali sono gli stregoni che l'avevano fatto entrare nel corpo della signora.

Altri esorcismi seguono nei giorni successivi, violenti e tremendi. Al quarto, il pomeriggio del primo giugno, l'esorcista vuole chiarire l'affare delle piante. Dice: «L'altro giorno mi parlasti di tre piante. Dove si troverebbero?».

«Non sono io che ti debbo insegnare queste cose.»

«In nome di Dio dimmi dove si trovano.»

La donna sta un po' in forse, come di fronte a un forte scrupolo di coscienza; poi dice risolutamente: «Una nell'orto di..., una in fondo al Po, la terza in un orto presso la casa di...».

«Con che cosa sono legate?»

«Con un filo di lana bianca.»

«Chi le ha legate?»

«La prima colui che ha chiesto il maleficio. La seconda uno stregone. La terza, quella in fondo al Po, queste braccia.»

«Quando si slegheranno?»

«Due sono già slegate.»

«Quando si slegherà la terza?»

«Fintanto che ci sarà il deposito (cioè la palla mai digerita dalla posseduta), la pianta non si slegherà.»

«E quando uscirà il deposito?»

«Quando lo vorrai tu.»

«Lo voglio subito. Alzati e rigetta.»

Dopo qualche insistenza, la posseduta ubbidisce e rigetta qualcosa tra spasmi atroci. Poi l'esorcismo viene sospeso per un po'. Approfittando del breve intervallo padre Pier Paolo chiede alla posseduta se in vita sua avesse mai legato delle piante.

«Sì, ne ho legata una.»

«Dove?»

«In fondo al Po.»

«Con che cosa l'ha legata?»

«Con un filo di lana bianca.»

«E il motivo?»

«Perché mi avevano assicurato che, con quel filo, avrei legato il mio male alla pianta.»

«Ed è stato così?»

«Tutt'altro. Appena legata la pianta, non potevo staccarmi. In seguito sono andata sempre peggiorando. Ma perché tutte queste domande?»

«Perché durante l'esorcismo ha parlato di questa pianta.»

«Ho fatto male a legarla?»

«Certamente, è sempre una superstizione. Sapeva che, mentre lei legava una pianta in fondo al Po, altri, altrove, ne legavano altre due?»

«No.»

All'ottavo esorcismo padre Pier Paolo chiede al diavolo: «Esistono veramente gli stregoni?».

«Sì.»

«Che cosa fanno?»

«Sono persone capaci di fare del male ad altri.»

«Hanno potere su di te?»

«Sì.»

«Hanno comunicazione diretta con te?»

«Sì.»

«Chi ha dato a questa creatura la roba maleficata?»

«N.N. (il mandante, N.d.R.)»

«Dove gliel'ha data?»

«A casa sua, a Piacenza.»
«Chi portò la roba?»
«Una donna.»

Si trattava di una vecchietta, che il demonio descrisse alla perfezione. Si presentò con il vestito e lo scialle nero.

«Prima che ti cacciassero in questo corpo, dov'eri?»
«In un borsellino.»

Risposta stravagante, seppure esiste una tradizione vivissima nel Medioevo detta del «diavolo nel borsellino».

«Dov'eri prima di entrare nel borsellino?»
«In un deserto.»
«Cosa facevi là?»
«Andavamo dietro ai cavalli.»
«Dietro ai cavalli?»
«Sì, nel deserto presso l'omnibus quarto.»

La cosa è sempre più incomprensibile. È ben vero infatti che gli astanti non sono obbligati a credere a tutto quello che dice lo spirito, ma è anche vero che questa complicata storia del borsellino, del deserto e dei cavalli desta una vivissima curiosità in tutti seppure sia difficile da comprendere. Perciò padre Pier Paolo vuole, per quanto possibile, appurare la realtà delle cose. Sospende l'interrogatorio e nel breve intervallo, appena la posseduta ritorna alla piena coscienza di sé, le chiede: «Ha mai portato al collo un borsellino?».

La signora ha un attimo di esitazione, poi risponde: «Sì, una volta».

«Da chi lo ricevette?»
«Da N.N. (il primo stregone, N.d.R.)»
«Ma lei conosce N.N.?»
«Sì, sono stata con lui molte volte.»
«Scusi, per far cosa?»

La signora arrossì non poco.

«Per farmi curare.»

«N.N. è un medico?»

«Dicono che sia un santo, ha guarito molti ammalati.»

«E ha guarito anche lei?»

«No. Ma mi aveva assicurato che tenendo al collo il borsellino, sarei guarita in breve tempo. Invece sono andata sempre peggiorando.»

«Per quanto tempo tenne al collo il borsellino?»

«Per poco tempo. Dal paese di N.N. fino a casa mia perché dove toccava produceva un bruciore fortissimo e mi paralizzava la parte toccata. Mio marito voleva assolutamente che lo tenessi, che cercassi di resistere, ma io a un certo punto, non potendone più, l'ho preso e l'ho gettato via.»

«Prima di gettarlo via, guardò che cosa c'era dentro?»

«Sì, non c'era niente. Credevo di trovarci qualche immagine sacra, qualche reliquia di santo, invece non c'era, mi pare, che un poco di carta.»

Alla ripresa dell'esorcismo, la posseduta rimane relativamente calma, ma quando le preghiere giungono al *Sanctus*, balza in aria in modo indescrivibile, minacciando l'esorcista con urla formidabili.

Padre Giustino abbandona il compito di stenografo per cercare di legare le mani alla donna, ma non vi riesce. Dagli occhi della posseduta esce una luce d'odio terrificante.

All'esorcismo successivo del 3 giugno lo spirito si dimostra animoso e offensivo come la volta precedente. Più perde terreno e più si vendica ingiuriando il sacerdote.

«Rigetta» gli impone questi.

«Non posso» risponde lo spirito.

«In nome di Dio.»

«Non posso, imbecille.»

«In nome di Dio» insiste l'esorcista.

Allora il demonio ubbidisce.

«Cos'hai rigettato?»

«La bava con tanti fili.» E, sollevando gli occhi verso il sacerdote, la posseduta si mostra molto triste.

«Fra poco rigetterò tutto.»

«Rigetta!»

La posseduta è ancora sul catino.

«Cos'hai rigettato?»

«Mi hai fatto rigettare quasi tutto il deposito.»

«Allora non l'hai rigettato per intero, perché?»

«Perché non posso.»

«È questa la verità?»

«Sì.»

«Impostore! Perché l'altro giorno mi hai detto che l'avevi rigettato tutto? Sei un impostore che dà a intendere una cosa per un'altra.»

A questo insulto la donna fa per spiccare un salto contro il sacerdote, ma gli assistenti, ormai avvezzi a questi scatti, le sono subito addosso. Inizia una lotta furibonda. Padre Giustino accorre ad aiutare gli assistenti. Passando vicino all'esorcista, gli consiglia di dire qualcosa. Allora la donna scatta violentemente, pur essendo letteralmente premuta dal peso degli assistenti, e urla: «Lasciatemi andare, voglio dare un calcio a quello lì».

È divenuta spaventosamente furibonda. Ha la bava alla bocca. Padre Giustino e gli assistenti stentano a trattenerla e quasi sfugge loro di mano. Allora anche le donne accorrono in aiuto. Un cumulo di corpi è addosso all'ossessa, ma questa ancora riesce a lottare e a divincolarsi. A questo punto padre Pier Paolo interrompe l'esorcismo, per non sfibrare completamente la povera donna.

Le cose vanno per le lunghe anche perché, a detta del diavolo, gli altri sette demoni lottano per non dover abbandonare il corpo. Anzi precisa che uno degli stregoni ha sepolto quattro uova per terra, e vi ha posto sopra una pietra con delle parole misteriose che significano: «Non sarete libera finché non verrete a me».

Passano i giorni. Nuovi esorcismi vengono compiuti. La donna non si libera ma comincia a stare visibilmente meglio. L'esorcista capisce che oltre a Isabò sono due i diavoli più duri da sconfiggere presenti nel corpo della posseduta, Maristafa ed Erzelaide. Ma varie altre forze ancora sono in gioco, alcune già partite e altre ancora solidarizzanti con Isabò. La lotta deve essere ancora lunga. Molto lunga. Nei sette anni in cui è stata posseduta la donna ha assunto, nelle sue varie trasformazioni, una voce virile ma affettuosa, tremolante e cordiale. Una voce che afferma di provenire dall'anima santa del nonno, e dà ottimi consigli che, messi in pratica, calmano subito, almeno sul momento, le furie della povera ammalata. L'intera famiglia ha una venerazione grandissima del nonno e la sua voce, nonostante la stranezza del caso, è simbolo di protezione e di serenità.

«L'ha detto il nonno!» Questo bastava perché tutti credessero e si tranquillizzassero. Guai, ebbe a dire una volta a padre Pier Paolo la madre della donna, «se in mezzo a tante diavolerie e tanti diavoli non ci fosse stata l'anima santa del nonno a consigliare sempre per il meglio».

Padre Pier Paolo vuole risolvere questo affare. Durante un esorcismo dice allo spirito: «Hai detto di non essere solo, di avere vari compagni. Ebbene, tra i tuoi compagni deve esserci un'anima bella, un'anima santa, l'anima del nonno di questa signora. Fa coraggio alla signora, l'esorta a sopportare con pazienza i suoi mali, a confidare in Dio, a raccomandarsi a Lui».

La donna sta in ascolto, sorniona.

«Conosci tu quest'anima?»

L'ossessa continua a rimanere muta. Padre Pier Paolo perde la pazienza: «Impostore. Sei tu il nonno, spirito immondo ingannatore, tu, camuffato, truccato».

La donna guarda meravigliata il sacerdote, lo fissa negli occhi, quasi per un attimo di titubanza; poi prorompe in una risata sonora, sgangherata, da avvinazzato, che fa rabbrividire tutti. Padre Pier Paolo capisce che questa è l'ultima risposta che la "santa anima del nonno" darà. La voce del nonno non è altro che la voce del diavolo.

Gli esorcismi si susseguono uno dopo l'altro. Lo spirito è sempre altezzoso, ma non così sicuro di sé come le prime volte. Nei momenti più critici l'esorcista brandisce la teca del santo legno della croce. Quando il duello tra sacerdote e demonio tocca momenti di particolare intensità, accadono scene spaventose. Quando il furore dello spirito è particolarmente intenso, il corpo della signora si affloscia su se stesso, come fosse un sacco vuoto, poi, improvvisamente, pare che un corpo vivo vi balzi dentro e vi salti senza tregua, disperatamente. Ma l'odio dello spirito cozza sempre contro barriere insuperabili.

«Che dobbiamo fare per farti uscire più presto?» chiede padre Pier Paolo al demonio.

Nel silenzio profondo della sala, lo spirito, con calma, con solennità, risponde: «Pregare».

Durante il nono esorcismo il sacerdote chiede: «Dove sono i tuoi compagni?». Allude agli altri spiriti che Isabò aveva confessato essersi allontanati dal corpo della donna in seguito agli scongiuri dell'esorcista.

«Non lo so.»

«In questa stanza ce ne sono?»

«Sì, due.»

«Ebbene, li caccio.»

«Ebbene, cacciali. Che importa a me di questo?»

«Li caccio nel deserto. Hai capito?»

«E cacciali nel deserto.»

Evidentemente nutre una discreta dose di indifferenza, se non addirittura di disprezzo per i suoi compagni.

Un'altra volta padre Pier Paolo ripete l'intimazione: «Vattene».

«Tu credi di potermi trattare come un cane, ma ti sbagli.»

Il demonio è pieno di orgoglio. Spesso riesce a imporsi. Dice: «Se hai paura, va' a letto». Insiste molto sulla paura e, naturalmente, ha buon gioco.

Durante il decimo esorcismo Isabò esclama, trionfante: «Sai? Mi sono impossessato di Y».

«Non ti credo, dammene una prova.»

«Io te la do, ma non come intendi tu.»

«Da' un segno visibile a me e ai circostanti.»

«Niente circostanti: darò un segno solo a te.»

«Quale?»

«Di notte vedrai un'ombra vicino al letto. Vedrai la mia forma.»

«Va' all'inferno. Non voglio questo segno.»

Lo spirito ride ironicamente.

«Allora, che cosa vuoi?»

«Dammi un segno.»

«Non posso dare un segno senza far dolore.»

«Dammi un segno.»

A quest'ultima imposizione, il corpo dell'ossessa si gonfia lentamente, il suo viso si accende di un colore rosso cuoio, poi, con uno sforzo enorme, la bocca si apre ed emette un suono forte, insistente, simile a quello di una sirena.

«È questo il segno?» chiede il frate.

«Sì.»

«Che segno è?»

«Il fischio di una sirena.»

«Non mi basta. Voglio un segno più manifesto.»

«Ti farò sentire una voce.»

«Che voce?»

«Una voce.» E si mette a cantare con una voce talmente stridula che lacera le orecchie.

«Lascia stare e dammi un segno più evidente.»

«Allora ti comparirò di notte vicino al letto.»

«Taci!» urla l'esorcista e, dietro suggerimento di padre Giustino, si rivolge alle donne e dice: «Impongo allo spirito di comparire qui. Avete coraggio?».

«Sì», rispondono le donne.

Allora il padre si rivolge alla posseduta e riprende: «Tu vuoi comparirmi di notte e io t'impongo di comparirmi qui, alla presenza di tutti. Avanti!».

Nella tensione nervosa dell'attesa si è irrigidito sull'attenti e tiene forte nel pugno il manico dell'aspersorio.

Con l'acqua santa vuole tracciare un'insuperabile linea di difesa contro le eventuali velleità del demonio. È un momento drammatico.

«Compari qui» ripete il sacerdote nel silenzio altissimo della sala.

«Compari qui» dice una terza volta.

Finalmente lo spirito, umiliato e con voce opaca, risponde: «Non mi è concesso».

E un evidente fremito smaschera il suo orgoglio infranto.

Altre volte il demonio deve scontrarsi con imposizioni più forti della sua volontà. Come quando il padre gli chiede: «Che cosa si deve fare per evitare i malefizi?». Il demonio si ribella con forza a più riprese, ma poi è costretto a rispondere: «Tenere sul petto una croce benedetta».

Gli esorcismi indeboliscono sempre di più la forza del demonio. Talvolta pare che lo spirito stenti a trovare le parole per la risposta e nello sforzo espressivo sembra balbuziente. Allora dalla bocca contratta e anche dalle narici dilatate escono come degli scoppi secchi, simili al rumore che fanno i sassi quando una ruota d'automobile li preme di sbieco e li fa saltare lontano. Ma cerca sempre di nascondere la debolezza con un tono di burbanza.

«Se vuoi che esca» dice al decimo esorcismo «va' a chiamare quel tuo compagno che non crede.»

«Non crede a che cosa? Alla tua esistenza?»

«No, non crede che io sia in questo corpo.»

E aveva ragione. Un confratello di padre Pier Paolo aveva espresso forti dubbi sulla realtà della possessione diabolica.

«Fin qui non c'è nulla di male» dice il padre.

«Dov'è?»

«In convento.»

«Dove?»

«In camera.»

«In quale?»

«Allora» esclama sprezzante lo spirito con un'alzata di spalla «sarebbe come dirti il nome.»

Fuori dalla porta si sentono dei passi. È il dottor Lupi che si avvicina. Egli non è stato puntuale all'appuntamento, l'hanno atteso a lungo ma poi hanno dovuto incominciare l'esorcismo senza di lui. Si distingue il suo passo un poco trascinato, mentre sale su per l'ampia scala di legno e i colpi del suo bastoncino che battono su per ogni gradino. Per un normale atto di deferenza viene sospeso l'esorcismo e si aspetta che entri il dottore. Arrivato alla doppia porta che separa la sala dal pianerottolo della scala, il dottore apre la prima porta e afferra la maniglia della seconda, quindi fa per entrare.

«Avanti, avanti signor dottore!» invitano i due frati. Il dottore apre e chiude la porta ma non si decide a entrare, non si fa vedere.

«Che voglia scherzare?» chiede uno.

Allora padre Giustino si alza dal suo banco, corre all'uscio, lo spalanca.

«Non c'è nessuno» dice. Tutti si alzano in fretta e scendono le scale. A pian terreno la grossa porta di quercia, tutta ferrata, è chiusa a chiave come al solito. Non l'aprono. Al di là della porta sta fisso di guardia frate Antonio, per tutta la durata degli esorcismi. Non si vuole che qualcuno possa entrare di nascosto nel convento. Frate Antonio, guardiano coscienzioso, è al suo posto.

«È venuto il dottor Lupi?» gli chiedono.

«No.»

«È venuto qualcun altro?»

«No.»

«Sei sempre stato al tuo posto?»

«Naturalmente! Perché?»

Ma nessuno ha il coraggio di rispondere. Sono stati beffati da qualche invisibile burlone. Eslénder forse? Risaliti in sala, viene ripreso l'esorcismo.

È l'esorcismo del *Sanctus.* Lo spirito si agita freneticamente, deformando in modo pauroso il volto della donna.

«La forza di ballare, cantare, è ancora in te, sì o no?»

«No.»

«E allora non può essere tuo merito il farla cantare, ballare, smaniare durante i giorni che separano un esorcismo dall'altro.»

«Lo so anch'io» risponde lo spirito con aria misteriosa.

«Rigetta!»

«Non posso.»

«In nome di Dio, in nome della Madonna.»

«Lasciami stare» chiede con voce accorata lo spirito.

«No, ti voglio tormentare come hai tormentato durante sette anni questa creatura.»

«Lasciami stare. Non è colpa mia se l'ho tormentata. Mi hanno cacciato qui.»

«Per il sangue di Cristo, per la morte di Cristo rigetta!»

La posseduta finalmente ubbidisce.

«Che cosa abbiamo ottenuto?»

«Hai fatto uscire una quantità di palla.»

Si tratta del bolo malefiziato.

«Quanta ancora ne resta?»

«Più di un terzo.»

«Perché in questi giorni hai fatto soffrire questa creatura?»

In quei giorni, infatti, la donna ha particolarmente sofferto.

Data l'ora tarda il padre crede bene di chiudere l'esorcismo. Lo spirito sembra essersi chiuso in un mutismo cocciuto.

«A te, immondo spirito, comando per i giorni seguenti.»

Una sghignazzata lo interrompe.

«...di star fermo. Di non... Di non mostrarmi a te» e ride.

Durante un altro esorcismo lo spirito si ribella, come al solito, al sacerdote.

«Non esco!»

«Perché?»

«Per farti arrabbiare.»

«Ma io sono più potente di te e oggi ti voglio cacciare.»

«Oggi non esco.»

«Quale sarebbe il motivo?»

«Oggi hai ottenuto anche troppo.»

«Eppure l'altro giorno volevi andare via, in una pianta e due gambe, cioè in un uomo.»

«Ti ripeto che per oggi hai ottenuto anche troppo.»

«In nome di Dio, in nome di quell'ostia santa che questa mattina è passata alta e solenne in mezzo a noi (era infatti il giorno della festa del Corpus Domini, N.d.R.), che è scesa nell'anima di questa creatura, esci da questo corpo!»

«Non vado!» gli grida il diavolo vibrante di collera.

«Ma Cristo, il nostro Dio, non deve cedere di fronte a te, spirito immondo. Esci da questo corpo.»

Ma lo spirito continua a gridare.

«Devi andare via oggi, festa del Corpus Domini.»

«Oggi non vado.»

«Con quale diritto stai in questo corpo? Questa creatura fu fatta un giorno da Dio a sua immagine e somiglianza. Per lei Egli si è incarnato, per lei ha patito ed è morto in croce. Quindi essa è sua.»

L'esorcista s'interrompe, attendendo invano una risposta.

«Questa creatura è vero tempio dello Spirito Santo, è vera casa di Dio, e nella casa di Dio non ci deve stare altri che Dio. Fuori, spirito immondo.»

Ma il silenzio fascia le parole del sacerdote. Lo spirito non risponde.

«Si avvicina l'ora della benedizione, ascolta. Le campane suonano, l'organo accompagna il canto del *Tantum ergo*, il popolo è inginocchiato davanti al Santissimo esposto. In quest'ora tutte le fronti si inchinano. Tu pure devi inchinarti e uscire.»

Anche questa volta nessuna risposta.

«Dimmi, dimmi, in nome di Dio, di Gesù Cristo, non ti dà fastidio questo giorno, il giorno del Corpus Domini?»

Finalmente suona una risposta.

«Sì.»

«Ebbene, vattene.»

«Ero nei deserti lontani, mi hanno chiamato, mi hanno scongiurato. Sono venuto, adesso non posso andarmene.»

La sua voce pare un gemito.

«Ma Iddio, il nostro Dio, è grande, è onnipotente. Davanti a questo Dio, il Faraone capitola, Paolo cade a terra, e tu pure devi cedere e darti per vinto.»

Lo spirito gli rivolge un'occhiata piena di angoscia inesprimibile, e non gli risponde. Allora si sente il suono delle campane e la benedizione.

«Satana, ecco il momento della benedizione. Ora Cristo, sotto forma di pane, viene innalzato perché voglia benedire tutto il suo popolo. In questo momento, con tutte le autorità, con tutto l'impero che mi viene da Dio, ripeto a te le parole del Salvatore Divino: "*Exi ab ea, exi ab ea!*". Satana, rendi onore a Dio Padre, da' luogo a Gesù Cristo, da' luogo allo Spirito Santo per mezzo dell'apostolo Pietro. *Exi ab ea!*»

Il comando cade in un silenzio di tomba che sinistramente contrasta con il gioioso suono delle campane. Lo spirito tace, affranto, ma pare incatenato a quel corpo.

Ancora altri esorcismi.

«In nome di Dio, t'impongo di ubbidirmi in tutto ciò che ti comando.»

La donna non risponde.

«Hai capito?»

Silenzio.

«Te lo impongo in nome di Dio, della Madonna.»

Silenzio.

«Se hai capito, alza un braccio, altrimenti due.»

Lentamente, con gran fatica alza un braccio.

«Oggi dovrebbe essere il gran giorno della tua andata. Andrai veramente? Se andrai, alza due braccia; se non andrai, uno.»

La donna, dopo un momento di esitazione, alza le braccia.

«E andrai proprio alle cinque precise? Se andrai alle cinque precise, alza due braccia; se andrai più tardi, uno.»

Alza due braccia.

«Quando sarai uscito, starà veramente bene questa creatura? Se starà bene, alza due braccia; altrimenti uno.»

Alza due braccia.

«E staranno bene anche tutti gli altri della famiglia? Se staranno bene, alza due braccia; diversamente uno.»

Alza due braccia.

«Alzati e rigetta.»

La donna si alza. Si inginocchia presso il catino.

«Rigetta!»

Si china e tenta di obbedire.

«Rigetta!»

Non riesce.

Non si rialza ma si china ancora di più sopra il catino. Sono le quattro e trentacinque.

«Con tutta l'autorità che mi viene da Dio, ti comando, Spirito immondo, di uscire immediatamente da questo corpo. Se esci subito, ti confino nel deserto, nel centro del Sahara; se non esci subito, ti mando all'inferno.»

«Vaaado...» e, in un lampo, rigetta parecchia roba.

«Va', va'. Va' nel deserto; e prima di tornare in mezzo a noi aspetta che te lo venga a dire io.»

Un istante dopo queste parole escono dalla voce della donna: «Sono guarita».

«E la palla?»

«La palla sarà nel catino» dice il dottore; e si alza in fretta, corre al catino, solleva con il suo bastoncino la roba rigettata e in fondo al catino, completamente asciutta, ecco la palla famosa. Una palla di salame grande come una piccola noce, con sette cornetti.

Così sono andate le cose. Dopo estenuanti esorcismi, dopo aspre battaglie, il 23 giugno 1920 la donna d'improvviso si sente libera. È libera. È, dunque, tutto finito?

No. Purtroppo no. Il demonio che era dentro di lei continuerà ad agire, a seminare morte e distruzione. Ed è questa morte e questa distruzione che fanno sì che questo caso sia un unicum da studiare e ristudiare.

Tutti gli esorcisti debbono sapere che, una volta espulso, il diavolo può ancora attaccare. Tutti gli esorcisti devono sapere che loro per primi, loro più di altri, possono subire pesanti attacchi dal diavolo che hanno contribuito a cacciare dal corpo di un indemoniato.

Giorni dopo la liberazione il signor Cassani, uno degli assistenti che continuamente è stato al fianco della posseduta durante gli esorcismi, si presenta a padre Pier Paolo. È agitato.

«Padre, ho bisogno di lei.»

«Dica in tutta libertà.»

«In questi sette anni, come amico e vicino di casa, ho sempre assistito, in compagnia di mia figlia, la povera signora nelle sue crisi. Lo spirito mi ha detto più volte che dovrò morire. Lo spirito non minaccia mai invano.»

Il signor Cassani appare terrorizzato. Il sacerdote vuole rinfrancarlo: «C'era proprio bisogno che lo dicesse lo spirito perché si sapesse che si deve morire?».

«Padre, mi scusi, non m'ha lasciato finire. Lo spirito ha detto che dovrò morire fra tre mesi, vittima della sua vendetta.»

«Lei ci crede?»

«E come no!»

«Non sa che lo spirito è il padre della menzogna? E non lo dico io: lo dice la Chiesa.»

«Padre, a parole vince lei. Vedremo, intanto mi dia la benedizione davanti all'altare della Madonna.»

Pochi mesi dopo questo colloquio, in un freddo pomeriggio di novembre, padre Pier Paolo viene chiamato proprio dall'ex posseduta, allora perfettamente guarita: «Padre, accorra subito, se vuole fare in tempo a vedere il signor Cassani, a confessarlo».

«Che cos'ha?»

«Sta per morire.»

Il padre accorre. Il signor Cassani è in effetti in gravissimo stato e con voce ormai già spezzata dal rantolo, dice: «Si ricorda, padre, della benedizione davanti all'altare della

Madonna? Si ricorda i miei presentimenti? Muoio della sua vendetta». Alludeva allo spirito demoniaco. Il giorno dopo il signor Cassani, fino ad allora sano e robusto, muore.

Poco dopo un altro episodio. Un signore, conosciuto dalla famiglia della posseduta e da padre Pier Paolo, ha assunto in modo palese un atteggiamento apertamente incredulo. Fin qui niente di male. Il peggio è che all'incredulità aggiunge un fare apertamente beffardo. Un giorno per sfidare l'incredulità altrui, alludendo al caso dell'ossessione, si esprime con queste parole: «Se era uno spirito, perché ora non entra in me?». Pochi anni dopo costui si ammala di tisi. Chiama l'esorcista e gli dice: «Di qualunque malattia devo morire, non di questa». E scoppia in pianto. Anche qui il terrore non ha perdonato.

Pier Paolo vivrà sempre, in seguito, nell'incubo dei suoi ricordi. Un giorno si sentirà dare una grossa bastonata in testa. Si guarderà intorno ma non troverà nessuno. La sua testa non si sosterrà più ed egli andrà in giro con il mento puntellato contro il petto. Dirà: «Si tratta della vendetta del demonio. Ed è solo poco, mi aspettavo di più. Il Signore è misericordioso». Ma il terrore non lo abbandonerà più. Come non abbandonerà più il vescovo di Piacenza. Colui che aveva ordinato a padre Pier Paolo di fare l'esorcismo. Isabò durante gli esorcismi aveva preannunziato anche la sua morte. Che puntualmente arrivò. Di notte. Il diavolo, come leone ruggente, trovò chi divorare.

Come è possibile che il diavolo sia riuscito in qualche modo a vendicarsi di chi l'ha scacciato dal corpo della donna? Può il demonio agire anche in seguito alla possessione e agire in modo negativo e distruttivo? Qui occorre dire solo ciò che si può dire e non cercare di andare oltre ciò che effettivamente si può sapere. Il diavolo va sempre in giro seminando sangue, morte e distruzione. Sempre. Ininterrottamente. Essere posseduti è un'esperienza che paradossalmente può non finire mai. Nel senso che anche una volta liberati rimane un'impronta, una ferita, come un buco nero che comunque sia ci accompagna. Il demonio non è più una realtà vivente dentro di noi, ma è comunque un timbro opprimente che misteriosamente sempre si fa sentire.

Anche noi esorcisti ci portiamo dietro il peso dei diavoli che abbiamo scacciato. Li scacciamo ma loro non muoiono, continuano a vivere e a fare il male. E soprattutto continuano a importunare chi ha contribuito a liberarli. È per questo che scelgo collaboratori di fede e di preghiera. Essere in grazia di Dio ed essere vicino a Dio è un rimedio sicuro contro gli attacchi del demonio.

I diavoli ci osservano e ci tentano senza sosta. E così fanno con coloro che si sono liberati perché riprendersi l'anima di qualcuno che hanno in precedenza già posseduto è per loro una grande vittoria.

È come quando uno si rompe un braccio da piccolo. Gli mettono il gesso e il braccio va a posto. Ma quel braccio non può più essere come prima. La frattura, pur rimarginata, resta presente e il bambino quando cresce e diventa grande continua a sentirla. Così è per le possessioni.

Ricordo una volta che ho liberato una giovane donna. Dopo un anno questa donna è tornata da me. Era di nuovo posseduta. Così ho dovuto ricominciare a esorcizzarla. Ma subito, iniziato l'esorcismo, il diavolo mi ha detto: «Cosa credi di fare prete? Non sai che ora lei è mia per sempre? Lei è tornata da me. Ho vinto io». Per fortuna sono poi riuscito a liberarla una seconda volta. Ma è stato difficilissimo.

Certo, a Piacenza il diavolo è tornato e ha fatto cose che non ho mai visto fare altre volte. È tornato per uccidere. Dare spiegazioni di questa cosa è arduo. Una cosa si può dire: spesso, non sempre, si viene posseduti consapevolmente. C'è la nostra volontà che dice a Satana: «Entra in me». Quando si stipula un patto con Satana scioglierlo può essere quasi impossibile. Se si concede l'anima per l'eternità a Satana poi uno può ravvedersi e liberarsi ma quel patto c'è stato e le conseguenze vanno comunque pagate. L'anima, insomma, può salvarsi ma il corpo, misteriosamente, può ancora morire per mano e volere di Satana.

4
BAMBINI CHE DIVENTANO KILLER
Il caso "James Bulgar" e altri

Dopo gli esorcismi sul contadino dell'agro romano la mia vita diviene parecchio movimentata. Ma insieme anche monotona. Monotona perché dopo quel primo esorcismo faccio per anni tutti i giorni solo e soltanto una cosa, altri esorcismi. Esorcizzo anche dieci, quindici persone al giorno. Tutti i giorni, feste comprese.

La mia è una battaglia personale contro il demonio. Una battaglia che non ho cercato. Un compito che Dio mi ha affidato tramite il cardinale Poletti e che ho accettato con spirito di obbedienza. Accetto la battaglia anche quando è aspra, terribile. Come quando mi trovo davanti per la prima volta chi non mi sarei mai aspettato: un bambino di pochi mesi.

È difficile da capire, da comprendere. Eppure è una realtà. Tra le vittime del diavolo ci sono tanti bambini. Sono innocenti. Non hanno colpe. Ma è anche del loro corpo che il diavolo cerca di impossessarsi. E spesso ci riesce. La possessione a volte inizia quando ancora sono nella pancia della mamma. È terribile, ma è così. Capita che un mago o uno stregone facciano un maleficio su una donna con l'intento di colpire anche il bambino che porta in grembo. E purtroppo, a volte, funziona. Inspiegabilmente, il maleficio attecchisce. È evidente che è una cosa che Dio permette. Perché è un mistero. Ma capita che Dio lasci mano libera allo scatenamento del diavolo anche sui più innocenti tra gli esseri umani, appunto i bambini. Così accade che vi sia un bambino fin dalla nascita posseduto. I segnali sono da subito chiari. Se si porta il bambino in chiesa inizia a piangere e a dimenarsi senza motivo. Così quando i genitori pregano in casa. Quando cresce questi fenomeni diventano più forti. Ma fin da subito è possibile notarli.

È per questo che suggerisco sempre ai genitori di battezzare i propri figli appena nati. Di non far passare troppo tempo. Il battesimo è un potente esorcismo. Il battesimo scaccia il diavolo. Il battesimo è temuto dal diavolo. Non è un caso, infatti, se tra i posseduti nel mondo la maggior parte sia gente non battezzata. È soprattutto con i non bat tezzati che il diavolo ha gioco facile.

Mi viene portato un bambino di pochi mesi. I genitori non si spiegano certe sue reazioni inconsuete. Pianti che sembrano venire da un mondo lontano. Grida anomale per la sua età. I medici non hanno riscontrato nulla di male e dicono: «Aspettate che cresca. Col passare dei mesi tutto si sistemerà».

E, in effetti, dal loro punto di vista hanno ragione. Il bambino non ha problemi curabili con le semplici medicine. Anzi, come sempre succede, se gli si dà un calmante reagisce in modo opposto. Si eccita e sembra imbestialito. Le medicine, su di lui, provocano l'effetto opposto di quello sperato.

Passano i giorni e il papà, che è un cattolico praticante, nota un fatto strano. Ovvero che quando entra con suo figlio in chiesa questi inizia istantaneamente a piangere disperato. Diventa rosso in viso. Le vene sono visibili. È tutto un fuoco incontrollabile. Così sospetta che vi sia qualcosa di disumano che è opportuno scacciare. E viene da me.

Non mi è mai capitato un bambino così piccolo. Sono titubante anch'io ma so bene – quante volte me lo ha ripetuto padre Candido – che un esorcismo non fa mai male. O fa del bene oppure non ha nessun effetto. E così indosso la stola, prendo in mano il rituale, l'olio santo, l'acqua bendedetta e inizio l'esorcismo. Sono sufficienti poche parole. Il bimbo inizia a urlare e a piangere. Il papà deve posarlo per terra perché nonostante i pochi mesi di età sembra in grado di dimenarsi fino a sfuggire alla presa delle sue braccia. Termino in fretta l'esorcismo e spiego ai genitori che è il caso di ripeterlo più volte, almeno tre o quattro volte alla settimana.

Andiamo avanti per qualche mese. Il diavolo non parla mai. L'unico segno visibile che dà sono le urla tremende del bimbo per tutta la durata degli esorcismi. Poi, appena finisco, silenzio. I pianti durante il rito straziano il cuore dei genitori. Sembra non esserci alcuna consolazione per il loro figlio. Chiedo ai genitori di pregare molto, di digiunare, di andare a messa tutti i giorni. Seguono le mie indicazioni e dopo pochi mesi succede ciò che non immaginavo potesse accadere così presto. Mi portano il bambino. Inizio l'esorcismo e il bimbo rimane calmo. Non piange. Sorride. Recito tutto il rituale. Prego. Gli spruzzo addosso dell'acqua benedetta. Lo segno con l'olio consacrato. È incredibile. In pochi mesi è già libero. Imparerò a mie spese come siano terribili le possessioni dei bambini, violente, sfrenate, potenti, ma insieme capirò quanto siano labili, fragili nella loro resistenza.

Quando questi bambini crescono c'è un segno evidente che testimonia la possessione: la perfidia. Una perfidia non conforme alla ragione e soprattutto all'età che hanno e cioè il volere far male, volere distruggere, come se tutto ciò fosse una manifestazione della personalità, uno sfogo a dimostrare la propria forza contro tutto e tutti.

Ci sono tantissimi casi, noti anche alle cronache, di bambini o adolescenti in cui questa perfidia è stata un segno evidente della loro possessione. In televisione sono stati convocati criminologi e psichiatri nel tentativo di dare una spiegazione a tanta efferatezza. Ma si sono dimenticati di convocare un esorcista. Questi, se convocato, avrebbe risolto i casi in pochi minuti. Avrebbe detto: «Trattasi di possessione diabolica».

Ricordo due casi terribili che tutto il mondo conosce. Ne parlo per far capire. Perché più gente possibile apra gli occhi. Per mostrare come il diavolo vada in giro nel mondo divorando esistenze che dovrebbero essere pure, genuine, gioiose. Il primo è un caso inglese, l'omicidio di James Bulger. Il secondo è un caso italiano, l'omicidio di Susanna Cassini e di suo figlio Gianluca De Nardo.

James Bulger nasce a Liverpool il 16 marzo 1990. Nel 1993, quando ha soltanto tre anni, viene rapito e ucciso da due ragazzini di dieci anni, Jon Venables e Robert Thompson. Il rapimento avviene nel centro commerciale New Strand a Botole, in Inghilterra, dove James si trova con sua madre Denise. Jon e Robert sono lì a bighellonare. Osservano i bambini che passano vicino all'entrata del negozio. Uno dei due dice all'altro: «Perché non prendiamo un bambino?». Prima tentano di attirare verso di loro un bambino di due anni che gioca con la sua sorellina, ma la madre recupera il piccolo e li caccia.

James si trova nel centro commerciale con la mamma che, fatalmente, lo lascia per un attimo da solo davanti alla porta di un negozio. Quando torna fuori si accorge che il piccolo è scomparso. Ha camminato fin fuori dal magazzino ed è stato catturato dai due ragazzini. Questi gli si sono avvicinati, gli hanno parlato per ottenere la sua confidenza, e poi, per mano, l'hanno portato fuori dal cortile. Le telecamere a circuito chiuso riprendono la scena. Jon e Robert conducono James per circa quattro chilometri. Il bambino piange. Chiama sua mamma. Ma questi continuano a trascinarlo. Vicino a un canale Robert scherza sulla possibilità di gettarvi il piccolo. Poi uno dei due prende per i piedi il piccolo e lo lascia cadere provocandogli una profonda ferita sulla fronte. I due sanno di averla combinata grossa. E così fuggono dietro una siepe. Stanno a guardare ma nessuno si ferma. Escono di nuovo fuori dal loro nascondiglio e recuperano il bambino.

Si dirigono verso il paese. Jon copre la fronte di James con il cappuccio del suo giubbotto per mascherare la ferita. Arrivati a un incrocio, il piccolo sfugge dalle mani dei rapitori e corre in mezzo alla strada chiamando la mamma. Robert lo raggiunge e lo trascina via. Molti motociclisti notano il bambino che viene tirato mentre punta i piedi e si rifiuta di camminare. Ma a nessuno viene in mente di scendere dalla moto per capire cosa stia avvenendo. Jon prende James per le gambe, mentre Robert lo prende per il busto. Lo trasportano sino al prato davanti a un ristorante. Qui una donna, notate le ferite di James, si avvicina per chiedere quale sia il problema.

«Non sappiamo chi sia, l'abbiamo trovato in fondo alla collina» rispondono Jon e Robert fingendo di non conoscerlo. La donna indica ai ragazzi la più vicina stazione di polizia. Questi si dirigono dall'altra parte. La donna grida loro di fermarsi ma questi riescono a scappare.

I tre continuano il loro viaggio camminando per la collina e giungendo a County Road. Si fermano in diversi negozi. Finché arrivano davanti alla stazione ferroviaria Walton & Anfield su Walton Lane, una piccola stazione in disuso. Tornano indietro lungo la strada principale e si infilano in un vicolo dal quale però escono subito. Hanno la stazione della polizia alla loro destra, la casa di Robert alla loro sinistra. Decidono di tornare verso la ferrovia, evitando la stazione di polizia.

In tutto, durante la loro lunga passeggiata, sono visti da trentotto persone. Nessuna di queste però li ferma. Mentre si dirigono verso la ferrovia, Jon strappa il cappuccio dal giubbotto di James e lo getta fra gli alberi. Uno dei ragazzini tira la vernice blu, acquistata quella mattina, sulla faccia di James. Lo colpiscono con dei mattoni, con dei sassi e con una sbarra d'acciaio. Uno lo prende a calci. Tohmpson dà una pedata così forte al viso del piccolo che l'impronta della sua scarpa vi rimane stampata. Gli abbassano i pantaloni e uno dei due ragazzi maneggia i suoi genitali. Alcune pile stilo da poco acquistate vengono infilate nella bocca del piccolo. James subisce fratture in diverse parti del corpo. Poi lo lasciano ancora vivo sui binari ferroviari, coprendo la sua testa con sassi, nella speranza che un treno lo investa e la sua morte sembri accidentale. Poco dopo il corpo del piccolo viene effettivamente tranciato in due da un treno. Anche se, lo dirà poi l'autopsia, James quando sopraggiunge il treno è già morto.

Nei mesi successivi sui due ragazzini vengono svolte diverse analisi. Queste svelano che Thompson, figlio di un alcolista, è stato ripetutamente violentato dal padre che ha avuto rapporti simili col fratellino, mentre Venables, figlio di genitori divorziati, entrambi con un passato di depressioni patologiche, ha un fratello maggiore e una sorella minore con problemi comportamentali. Per questo è preso in giro a scuola. Per questo è di continuo oggetto di bullismo. Venables conosce Thompson a scuola dopo che entrambi vengono bocciati. I due marinano le lezioni insieme. Spinti da una forza che non si può spiegare, rapiscono il piccolo James e lo uccidono come se stessero bevendo un bicchiere d'acqua.

Come è possibile che siano arrivati a tanto? Non c'è nessuna spiegazione logica. Si può indagare sul loro passato ma la difficile infanzia di entrambi non riesce, che piaccia o no, a spiegare tanta efferatezza. Tanta perfidia.

È la perfidia del diavolo.

Non si può spiegare un delitto simile se non ricorrendo al diavolo. È lui che in qualche modo è riuscito a impossessarsi di questi due ragazzini e a portarli passo dopo passo alla depravazione più irrazionale e terribile che ci sia, l'omicidio di un piccolo innocente. Certo, tanta perfidia è inspiegabile. Ma la violenza subita dai propri padri quando si è piccoli – è il caso di Thompson – ha un significato importante. La violenza dei padri sui figli è uno dei canali privilegiati per la discesa di Satana nel mondo.

Che Thompson sia stato ripetutamente violentato dal padre non è un dettaglio da trascurare. Spesso i ragazzi vengono posseduti dal demonio se precedentemente violentati dal padre. La violenza del padre su di loro è un canale di trasmissione efficacissimo attraverso il quale passa il demonio. La colpa dei padri ricade su di loro per una trasmissione del male che ha il carattere della straordinarietà. Non tutti coloro che vengono violentati dai padri subiscono poi fenomeni di possessione. Ma molti purtroppo sì. I padri sui figli hanno una paternità anche spirituale che le mamme non hanno. Se un padre benedice spesso il proprio figlio queste benedizioni hanno un effetto positivo, molto più positivo che se a benedire è la madre. Così se un padre violenta il proprio figlio l'effetto può essere devastante.

Marinella ha diciotto anni quando viene da me la prima volta.

«Cosa ti fa pensare di essere posseduta?» le chiedo.

«Padre» mi dice «da quando sono piccola non riesco a entrare in chiesa. I luoghi sacri mi respingono. Faccio per entrare ma una forza me lo impedisce.»

«Da quanto tempo soffri di questi disturbi?»

«Più o meno da quando avevo sette anni.»

«Cosa successe quando avevi sette anni?»

«Padre, mi vergogno un po'...»

«Non devi vergognarti con me. Dimmi tutto.»

«Mio padre mi violentò.»

«Quante volte ti ha violentata?»

«Tante volte. Adesso è morto. Ma nulla è cambiato. La mia vita è piena di sventure. Vorrei chiedere aiuto a Dio ma non riesco. Non riesco a pregare. Non so da chi farmi aiutare.»

Se Marinella ha diciotto anni significa che la possessione, se davvero di possessione si tratta, è presente da undici anni. Quindi da parecchio tempo. Decido così di non esorcizzarla subito. Sono solo in casa. Non ho i miei assistenti con me. Ho paura di una sua eventuale reazione negativa e violenta. Le do appuntamento per la settimana successiva.

Sette giorni dopo Marinella si presenta puntuale. Con me ci sono dieci persone. Nove laici più un giovane sacerdote che mi ha chiesto ogni tanto di poter assistere agli esorcismi.

La faccio accomodare su un lettino. La faccio legare. Indosso la stola, prendo in mano l'acqua benedetta e l'olio santo. E inizio le preghiere in latino.

Marinella reagisce immediatamente. Si dimena ma le cinture che la tengono legata reggono. Al mio fianco il giovane sacerdote segue la scena con un filo di apprensione. Poi, in un impeto di compassione non richiesta, il giovane prete fa una mossa che sarebbe stato meglio non avesse mai fatto. Si avvicina a Marinella. Le tocca una spalla e le dice: «Su, su, finirà presto».

Marinella si gira. Lo fulmina con due occhi da vipera. E gli dice: «E tu chi sei, piccola verginella?».

«Sono don...»

«Silenzio!» intervengo io. E chiedo al giovane prete di scostarsi. Ma ormai il gioco è fatto. Il diavolo punta il giovane prete e lo investe di parole.

«Piccola verginella, che ci fai qui? Non dovresti essere a nanna a quest'ora? Ah già, scusami. Tu quando tutti dormono non vai mai a nanna. Tu la notte non dormi. Ti masturbi davanti alla televisione. Ti piace gingillarti da solo, non è vero? Oh, sì che è vero. Che fai? Non rispondi? Povera verginella smascherata qui davanti a tutti.»

E una fragorosa risata seppellisce quel che rimane del mio compagno di viaggio.

Ma non ho tempo per lui adesso. Devo continuare l'esorcismo. Il diavolo ha sistemato il giovane prete e so che per il momento con lui non intende andare oltre. Perché a fianco del giovane sacerdote ci sono io. E il mio esorcismo è una pena tremenda per il demonio. E con questa pena deve assolutamente confrontarsi.

«Taci diavolo» urlo. «Taci! Rispondimi nel nome di Cristo. Chi sei tu che osi importunare questa povera ragazza? Chi sei tu?»

Marinella sbava e si dimena. E di colpo inizia a tremare fortissimamente. Quindi emette un lungo ululato.

«Prete, taci tu. Non ti risponderò» grida. «Non ti risponderò mai!»

«Rispondimi nel nome di Cristo! Chi sei? Dimmi chi sei!»

Dalla gola di Marinella una voce lugubre e straziata emette queste parole: «Io sono l'incubo di Marinella. Sono il suo demonio e il suo piacere. Sono il diavolo che grazie a suo padre l'ha posseduta. E la possederò per sempre».

«Tu non possederai per sempre nessuno. Cristo vince. Cristo ha vinto. Cristo ti sconfiggerà.»

Continuo a esorcizzare. Le preghiere in latino sembrano molto efficaci. Marinella per tre ore abbondanti ha reazioni violente alle mie parole.

Poi finisco l'esorcismo. Marinella non ricorda nulla di quanto poc'anzi accaduto. Le chiedo di raccontarmi di suo padre. Mi dice: «Era un violento. Io ero il suo giocattolo. Dovevo adeguarmi alle sue richieste. Altrimenti mi picchiava a sangue e picchiava mia madre. Così per anni ho subìto, fino a quando è morto. Sa però cosa le dico?».

«Dimmi.»

«Le dico che non riesco a odiarlo. Era mio padre. Era mio padre...»

Marinella scoppia a piangere. La consolo e la lascio andare dandole appuntamento per la settimana successiva. Le chiedo però di confessarsi e, tutti i giorni, di avvicinarsi a una chiesa. Le dico: «Anche se non riuscirai a entrare in chiesa prova a stare cinque minuti lì fuori in silenzio. Vedrai che se farai così tutti i giorni, fra qualche mese riuscirai a entrare».

La congedo ma so che ancora un compito mi rimane. Il compito di parlare col giovane prete.

Mi aspetta fuori dalla stanza dove abbiamo esorcizzato. Guarda fisso per terra. È affranto e nello stesso tempo impaurito.

Gli dico: «Visto cosa succede a osare troppo? Occorre avere una certa esperienza coi demoni. E soprattutto occorre avere una vita santa. Altimenti lui ci smaschera e ci umilia davanti a tutti».

«Padre, mi spiace.»

«Vabbe', le servirà come lezione.»

«Padre...»

«Mi dica.»

«Le devo fare una richiesta.»

«Dica, forza.»

«Mi può confessare?»

Il 21 febbraio 2001 a Novi Ligure, in Italia, Erika De Nardo, che all'epoca ha sedici anni, con il concorso del fidanzato Mauro "Omar" Favaro di diciassette anni, uccide a colpi di coltello da cucina la madre Susanna "Susy" Cassini e il fratello di Erika, Gianluca di undici anni. La dinamica del delitto, per quel poco di certo che si sa, è agghiacciante.

Susy rincasa insieme al figlio Gianluca intorno alle 19.30. Suona il campanello. Erika apre la porta. Insieme vanno in cucina e tra madre e figlia comincia una discussione dovuta ai brutti voti scolastici della ragazza.

Di colpo arriva la prima coltellata. La giovane si infila i guanti. Omar, che si trova in casa nascosto nel bagno del pianterreno dove ha già indossato i guanti, accorre a dar manforte a Erika. I due ragazzi aggrediscono Susy alle spalle. Uno dei due le tappa la bocca con una mano, l'altro comincia a menare fendenti con il coltello. Anche l'altro comincia a colpire. La donna tenta di sfuggire e va a sbattere contro il tavolo della cucina che per la violenza dell'urto si spezza in due. I due l'accoltellano ripetutamente finché muore. Gianluca scende di corsa dal primo piano della casa e assiste atterrito all'omicidio della madre. I due lo notano. E lo colpiscono. Prima al pian terreno poi al primo piano della villetta. Qui, nella stanza di Erika, Gianluca viene ucciso con cinquantasette coltellate. A questo punto Erika e Omar tornano al pianterreno. Progettano insieme di aspettare il padre e uccidere anche lui. Ma vengono scoperti prima. Anche in questo caso c'è poco da dire.

Si può trovare nel mondo più perfidia di questa? Più odio? Più rabbia? Sembra difficile. È una perfidia disumana. È la perfidia del diavolo. Come quella che colpì, per fortuna tutto durò il lampo di un giorno, una ragazzina di Cassino.

Laura nel luglio del 1988 ha quattordici anni. Abita a Cassino. Una sera un'amica di scuola la invita a uscire con lei.

«Dove andiamo?» chiede Laura.

«A vedere una cosa che non hai mai visto» le risponde l'amica.

Escono dalla città e s'introducono nei boschi intorno. Arrivano nei pressi di un casolare. Entrano. Dieci persone incapucciate stanno facendo una seduta spiritica. Invocano gli spiriti perché parlino loro. Poi sacrificano al diavolo un animale catturato da poco. Laura ha paura ma non osa scappare. L'amica le tiene la mano e la costringe a partecipare. Il tutto dura lo spazio di un'ora. Finito quello che agli occhi di Laura sembra un gioco stupido ma innocuo le due amiche tornano in città. Si salutano e vanno nelle rispettive abitazioni.

Laura entra in casa. I suoi sono ancora svegli. La salutano e, in tutta risposta, Laura bestemmia loro in faccia. Strano, Laura non ha mai bestemmiato. Né ha mai avuto atteggiamenti aggressivi in famiglia. Quella sera, invece, è inavvicinabile. Se le si chiede il motivo delle bestemmie e parolacce che ripetutamente escono dalla sua bocca aggredisce con cattiveria. Sputa. Morde. Urla. Sembra un'altra persona. Sembra un'indemoniata.

Il papà è un cattolico praticante. Ha sentito parlare di padre Candido, l'esorcista della Scala Santa, il mio maestro. Così non ci pensa su due volte. In piena notte mette la figlia in macchina e punta dritto verso Roma. Arriva alla Scala Santa che non è ancora mattina. Scende e aspetta che alle sei i frati aprano il portone.

«Ho bisogno di padre Candido» dice al primo frate.

«Per cosa?»

«Devo fargli vedere mia figlia» dice indicando la ragazzina al suo fianco che, torva, lancia occhiate di odio verso il religioso.

«Padre Candido è indisposto. Dovete rivolgervi al suo sostituto. Si chiama padre Gabriele Amorth. Questo è il suo indirizzo di casa.»

I due si rimettono in macchina e mi raggiungono. Aspettano che mi svegli. Poi mi fanno chiamare. Quella mattina ho due esorcismi molto duri da fare. Così lascio papà e figlia ad aspettarmi in portineria fino a che non ho finito. Sono le dodici quando mi ricordano che i due hanno appuntamento con me. Sono molto stanco ma acconsento. Mi dico: «Do loro una benedizione veloce e poi basta».

«Buon giorno. Come si chiama questa ragazzina?» chiedo.

Mi risponde il papà. C'è tensione nell'aria. I due sono molto stanchi. Ma capisco che c'è qualcosa di più della semplice stanchezza. Inizio la benedizione. Subito vengo punito per un'imprudenza. Mi avvicino troppo a Laura che con un balzo mi afferra il polso e lo morde. Sento i suoi denti affondare nella carne. Urlo. Mi scosto. E capisco che si sta facendo sul serio.

Mi concentro. Prego con maggiore forza e attenzione. Bastano dieci minuti. Laura si affloscia su se stessa. Sembra distrutta da una fatica immane.

«Laura, come stai?»

«Bene, padre» mi risponde.

«Laura, ora sei libera, va'.»

Laura si alza ed esce nel cortile. Corre e gioca rincorrendo un pallone.

Come è stato possibile liberarla in così poco tempo? Merito del padre. O meglio, del tempismo di suo padre. Le possessioni, se prese in tempo, non riescono ad attecchire. Il diavolo ha provato a prendere Laura. Nella seduta spiritica è entrato nel suo corpo. Ma in poche ore non è riuscito a radicarsi come avrebbe voluto. E così liberarla è stato facile.

Anche il Vangelo racconta di un ragazzino indemoniato. Gesù è sul monte Tabor con tre discepoli. Qui è avvenuta la sua trasfigurazione. I quattro scendono e trovano gli altri discepoli rimasti in pianura. Li trovano circondati da molta gente e da scribi, con i quali stanno discutendo. Visto Gesù, uno della folla gli si fa innanzi dicendo: «Ti ho portato mio figlio, l'unico che io abbia, ch'è posseduto da uno spirito maligno muto; quando se ne impadronisce, lo dilania, ed esso schiuma, digrigna i denti e s'irrigidisce. Ho pregato i tuoi discepoli di scacciarlo, ma non ci sono riusciti».

Questo fallimento ha forse provocato la discussione con gli scribi, i quali non hanno mancato di dire la loro parola maligna sui discepoli e anche sul maestro assente. Ma adesso egli è presente, e saputo di che si tratta esclama: «O generazione priva di fede, fino a quando sarò presso di voi? Fino a quando vi sopporterò?».

Poi, cercando con lo sguardo il giovane posseduto dice: «Portatelo a me!».

La fede è per Gesù condizione essenziale per i miracoli; egli ne deplora la mancanza sia presso gli scribi e il padre del giovane, sia presso gli apostoli il cui fallimento tradisce in essi una fede fiacca e tentennante. Il giovane viene portato a Gesù; in sua presenza è immediatamente preso da una crisi parossistica, e stramazza a terra dibattendosi, rantolando e spumando. Durante l'attacco Gesù vuole interrogare il padre.

«Quanto tempo è che gli succede questo?»

Il padre risponde: «Dalla fanciullezza; spesso lo spirito maligno lo getta nel fuoco o nell'acqua. Se puoi far qualcosa, vieni in nostro aiuto, avendo pietà di noi!».

Risponde Gesù: «Quanto al "se puoi", tutto è possibile a chi ha fede!».

Subito, gridando, il padre del ragazzetto dice piangendo: «Ho fede! Soccorri alla mia mancanza di fede!».

Gesù si avvicina all'adolescente dicendogli: «Spirito

muto e sordo, io t'impongo, esci da costui e non entrare mai più in esso!».

E dopo aver gridato e molto sbattutolo, il diavolo esce. E il ragazzetto diventa come un cadavere, tanto che molti dicono: «È morto!».

Gesù invece, prendendogli la mano, lo rialza in piedi. Gli apostoli si avvicinano in privato a Gesù e gli dicono: «Perché noi non abbiamo potuto scacciarlo?». E Gesù: «Per la vostra scarsezza di fede! In verità infatti vi dico, se aveste fede quanto un chicco di senapa, direste a questo monte: "Passa oltre da qui a lì!". E passerà oltre, e nulla vi sarà impossibile».

Gesù è il primo grande esorcista. Questo episodio testimonia come sia opportuno esorcizzare i bambini fin da piccoli. Il diavolo attecchisce violentemente nei bambini. Il ragazzetto sotto il monte Tabor è stato liberato solo dalla grande fede di Gesù. Più passa il tempo più è difficile liberare un piccolo posseduto.

I bambini sono innocenti. Spesso su di loro non vigilano adeguatamente i genitori. Anche perché la vita dei genitori è troppe volte in balìa del nulla. Il diavolo distrugge tutto e cerca sempre di mettere gli uni contro gli altri. E quando riesce a mettere una mamma contro un papà, quando riesce a dividere le famiglie, raggiunge un suo grande obiettivo. Perché il diavolo sa che due genitori che si lasciano provocano dolori e divisioni anche in tutti coloro che sono loro vicini, a cominciare dai figli.

Eleonora è una donna di quarant'anni. Si è sposata a trenta ma subito dopo il matrimonio il rapporto col marito si è incanalato su binari parecchio travagliati. Se prima del matrimonio il rapporto tra i due andava a gonfie vele, successivamente tutto è andato male. Eleonora non riesce a trascorrere una giornata serena con suo marito. Litigano in continuazione. Qualsiasi cosa è motivo di furibonde discussioni. Le difficoltà si protraggono per anni. Fino a che un giorno Eleonora decide di venire da me.

«Padre, non ce la faccio più» mi dice.

«Cosa succede?»

«Succede che sono sposata da dieci anni e che questi dieci anni sono stati i più tristi della mia vita.»

«Perché?»

«Non so darmi una risposta. So solo che la mattina del matrimonio ero raggiante. In chiesa tutto è andato bene. Ma usciti di chiesa sono entrata in macchina e mio marito mi ha rimproverato perché secondo lui ero stata fredda con sua madre quando è venuta a salutarmi nel momento dello scambio della pace. Da quel momento tutto è andato storto. Ogni cosa in questi dieci anni ci ha fatto litigare. Spesso al centro dei nostri litigi c'è stata una sola persona: sua madre. "Ti sei comportata male con mia madre" è la frase che mio marito mi ha ripetuto per anni, fino allo sfinimento. Prima del matrimonio invece tutto andava bene. Poi tra noi due è subentrato un terzo incomodo, appunto la madre di mio marito.»

«Sua madre è ancora viva?»

«Sì, è viva.»

«Che rapporto hai con lei?»

«Nessun rapporto. Quando ha saputo che volevo sposare suo figlio ha rotto con me. Non mi ha più voluto vedere. Praticamente sono dieci anni che non ho notizie di lei. Mio marito invece la sente e la vede spesso. Ma non mi dice mai nulla.»

«Pensi che la madre di tuo marito possa aver compiuto un maleficio su di te il giorno che ti sei sposata?»

«Non so rispondere. Ma a questo punto penso di sì. Mio

marito prima di sposarmi mi amava. Poi il giorno del matrimonio qualcosa è cambiato. Non so nemmeno come ho fatto a resistere tutti questi anni. Oltretutto non abbiamo avuto il conforto dei figli. Non siamo mai riusciti ad averne. Padre, non so che dire, mi aiuti.»

«Guarda, forse c'è un maleficio. Ma non ne sono sicuro. A volte la vita va male e non c'entrano necessariamente i malefici. Tu fa' una cosa. Torna a casa e domattina vieni qui col tuo abito da sposa.»

Il giorno successivo Eleonora torna da me. In mano ha il suo lungo abito bianco. Me lo faccio consegnare. Usciamo all'aperto. Andiamo in un grande campo isolato alla periferia di Roma. Scendiamo dalla macchina. Posiamo l'abito per terra. Prendo dal baule della macchina una tanica di benzina che precedentemente avevo riempito. Cospargo la benzina sull'abito e con un fiammifero provo ad appiccare il fuoco. Ma non succede nulla. L'abito non brucia. Butto altra benzina. Niente. L'abito non brucia. Capisco che qualcosa non va. È evidente: un maleficio è stato fatto probabilmente sull'abito della sposa affinché il matrimonio di Eleonora andasse a rotoli e la sposa fosse infelice. Eleonora è spaventata ma anche incredula.

Torniamo a casa con l'abito impregnato di benzina nel baule della macchina. L'abito decido di tenerlo io. Lo nascondo in un posto sicuro lontano dalla curiosità dei miei confratelli. Per due mesi decido ogni giorno di benedire l'abito bagnandolo con l'acqua santa. Benedico ripetutamente.

Dopo due mesi chiamo Eleonora. Le dico di raggiungermi. Torniamo nel prato. Questa volta l'abito brucia. Lentamente, ma brucia. Alla fine raccogliamo le ceneri. Ci dirigiamo verso un piccolo fiume e gettiamo le ceneri nell'acqua. Non solo, infatti, è necessario bruciare un abito maleficato, ma è anche opportuno gettare le ceneri dove c'è acqua corrente.

Eleonora torna a casa. La sua vita di coppia migliora giorno dopo giorno. Seppure la madre del marito resti una presenza negativa dentro la sua famiglia, una presenza che credo le darà fastidio fino a che sarà in vita. La pervicacia di certa gente è insaziabile. La loro propensione al male è difficile da combattere. Certe suocere poi, sanno essere diaboliche come nessuno con le donne che "osano" sposare il loro figlio prediletto. Il loro egoismo, l'amore malato verso il proprio figlio, è una perversione che viene da Satana. Al posto di desiderare la felicità del figlio, decidono di ucciderlo soffocandolo. È questa una grande vittoria del demonio. Perché una coppia divisa lascia una grande scia di sofferenza. Per quanto poi le cose si possano sistemare, la sofferenza provocata resta.

Ma non sono solo le famiglie a subire per colpa del demonio divisioni laceranti e che provocano sofferenze immani. C'è anche un'altra divisione tremenda e anch'essa con conseguenze terribili. È la divisione che Satana provoca tra le persone che sono consacrate a Dio e Dio stesso. Un prete o una suora posseduta, laddove la possessione è in qualche modo voluta e cercata dal prete o dalla suora, provoca nei fedeli che circondano i religiosi una scia di dolore e morte terribile.

5

PRETI, SUORE E SEMPLICI FEDELI IN MANO AL DEMONIO

Suor Gisella (il nome è volutamente inventato) è una religiosa molto devota. Nel suo ordine religioso è stimata da tutti. Prega tantissimo. Non manca mai ai suoi doveri. Quanto a fervore è senz'altro tra le prime del suo ordine. Eppure, da un giorno all'altro, inizia ad avere atteggiamenti inspiegabili. Quando entra in chiesa si sente male. Le manca l'aria tanto che deve uscire e rifugiarsi nella propria stanza. Nel giro di poco tempo non riesce più a partecipare ad alcun momento di preghiera. I suoi superiori pensano di concederle qualche settimana di riposo.

"Forse è soltanto stanca" pensano. "Forse ha semplicemente bisogno di ritemprarsi fisicamente."

Passano i giorni e le sue condizioni non migliorano. Anzi. Ora tutto ciò che ricorda il sacro la infastidisce. Se vede un prete deve scappare per non gridare, urlare e quindi aggredirlo. La medesima cosa le capita quando incrocia le sue consorelle. La situazione è ormai divenuta insostenibile. Così un giorno decidono di chiamarmi. Mi chiedono se posso ricevere la suora. Acconsento. Quando la porta della mia stanza si apre mi trovo davanti tre suore. La posseduta è in mezzo. Gracile, magra, un viso angelico. Le faccio accomodare tutte e tre e chiedo loro di spiegarmi bene di quali disturbi soffra suor Gisella. È lei a prendere la parola.

«Padre, sto male. Quando entro in chiesa mi gira la testa e una forza che non so spiegare dentro di me mi dice: "Scappa. Vai via!". Per sentirmi meglio devo uscire. Mi rifugio nella mia stanza, l'unico posto dove riesco a riprendermi. Qui ho tolto le croci, le immagini della Madonna, le icone sacre. Anche i libri che parlano di Gesù, dei santi. Non so perché ma la loro presenza mi inquieta. Ho paura. Quando vedo un prete sento che una forte rabbia s'impossessa di me. Anche ora che lei è qui davanti a me...»

Capisco che devo agire. Indosso in fretta la stola. Apro il rituale e comincio a pregare. Bastano pochi istanti perché l'esorcismo provochi un effetto dirompente. Le due suore che accompagnano suor Gisella arretrano di qualche passo. Sembrano impreparate. Non hanno mai visto la loro consorella in queste condizioni. E non sanno che fare.

Suor Gisella è diventata un serpente. Striscia sui gomiti e sulle ginocchia con un'agilità non umana. Striscia per tutta la stanza. Passa sotto le gambe delle consorelle. Sotto la scrivania e le sedie. Si infila sotto il letto e ritmicamente tira fuori la testa prima da una sponda poi dall'altra. È in grande agitazione. Non si ferma mai. Solo alla mia tunica non osa avvicinarsi. Striscia velocissima. Mi striscia intorno senza toccarmi. Procedo con l'esorcismo ma capisco in poco tempo che è opportuno smettere. La bocca di suor Gisella si sta riempiendo di bava. Mostra i denti come un felino in procinto di uccidere la sua preda. Tira fuori la lingua come un serpente che vuole sputare veleno. E sputa, in effetti, chiodi, viti, forbici, oggetti di ferro di varie dimensioni. Sputa e ricomincia a strisciare.

Appena terminato l'esorcismo suor Gisella torna in sé. Si alza e dice: «Cosa è successo?».

«Stavi strisciando come un serpente» le spiego.
«Io?»
«Tu.»
«Non me ne sono accorta.»
«Non potevi accorgertene. Non eri in te. Una forza non tua ti ha spinto. Una forza che devi in tutti i modi cercare di scacciare da te. Torna da me almeno una volta la settimana. È l'unica possibilità che hai di risolvere questa difficile situazione.»
Le due consorelle si guardano e non sanno che dire. Prendono sottobraccio suor Gisella ed escono fuori con lei.
Rimasto solo mi chiedo: «Come è possibile che il diavolo sia entrato in una persona consacrata a Dio?». Ricordo gli insegnamenti di padre Candido: inutile chiedersi il perché. Il male c'è. È un dato di fatto. Va combattuto. Non va spiegato.
La settimana successiva l'appuntamento è fissato nel primo pomeriggio di un giorno feriale. Puntuale sento fuori dalla porta un rumore di passi. Sono le tre suore. Suor Gisella sembra invecchiata di parecchi anni. Non la riconosco più. Capisco che ha avuto una settimana difficile. Il diavolo deve averla scossa parecchio. Mi guarda torva. Credo che il diavolo, compresa l'intenzione della suora di sottoporsi a esorcismi, abbia deciso di sconvolgerla. Ma non le faccio alcuna domanda. La forza malefica dentro di lei ha già capito con chi ora ha a che fare. Devo iniziare immediatamente.
«Non ricordarti, Signore, delle colpe nostre o dei nostri genitori e non punirci per i nostri peccati. Padre nostro... E non ci indurre in tentazione ma liberaci dal male.»
Un serpente inizia a strisciare forsennatamente per tutta la stanza.
«Chi sei?» domando.
Il serpente non smette di strisciare. Sibila ma non risponde.
«Nel nome di Gesù Cristo dimmi chi sei!»

I gomiti e le ginocchia della suora sfregano sul pavimento. Nulla sembra poterla fermare. Adesso pare una tarantola che avanza a piccoli ma velocissimi passi. Si ferma solo ogni tanto ciondolando con la testa ora a destra ora a sinistra. Per poi ripartire all'impazzata.

«Sto parlando con te!» grido.

Il tono della mia voce provoca una reazione, finalmente. Di colpo la suora smette di strisciare per terra. Si ferma. Gira la testa verso di me mantenendo il resto del corpo completamente immobile. Con un balzo si scaraventa addosso a me. Ho la prontezza di mostrarle il crocifisso che tengo in una delle mani. È una mossa provvidenziale. Vi sbatte contro con la faccia e arretra come scossa da una controforza che non si aspettava di trovare. Rimane stordita per qualche istante. Il sibilo diviene ora un lamento rauco, lungo, pronunciato per diversi minuti senza mai prendere fiato. Adesso striscia per terra con meno agilità. Non osa più guardarmi. A tratti la sento quasi sospirare. Non mi faccio impietosire.

«Chi sei tu che osi stare nel corpo di questa figlia di Dio? Parla! Dimmi chi sei!»

Il serpente riprende vigore. E striscia sinuoso ancora per tutta la stanza. Le due suore che l'hanno accompagnata arretrano fino al muro. Sono impietrite. Dico loro di recitare il rosario. E di non fare altro. Mi obbediscono.

«Scellerato che osi importunare questa figlia di Dio! Non lo sai che Cristo Gesù ti ha vinto per sempre? È inutile che cerchi di resistere. Vattene, torna nel tuo inferno e non tornare mai più!»

Non ho nessuna risposta. E nessuna risposta avrò nelle settimane successive. Questo diavolo è un osso durissimo. È sempre così, del resto. Quando un demonio si impossessa di un religioso vende cara la pelle. Non è facile per lui riuscire a possedere un prete o una suora. Per questo fa di tutto per non andarsene una volta che è riuscito nel suo intento. In questo caso la sua tattica è semplice. Non parla. Non mi dice chi è. Si vede che c'è, ma sta zitto. È il suo goffo, ma in parte efficace, tentativo di celarsi.

E poi c'è l'altro tentativo, quello di spaventarmi facendo vomitare a suor Gisella oggetti di vario tipo e dimensione. In pochi istanti la suora materializza sulla punta della lingua forbici, chiodi, pezzi di vetro. Li sputa per terra, ai miei piedi. Li raccolgo e li metto da parte in una scatola che ancora conservo in un cassetto della mia stanza. Non hanno nessun valore per me: sono soltanto uno stupido modo con il quale il diavolo ha cercato di impaurirmi. Senza riuscirci.

Dopo due mesi di esorcismi, aspetto le tre suore per un ennesimo appuntamento. Ma non viene nessuno. Mi telefona una suora. Dice di essere la superiora dell'ordine religioso al quale appartiene suor Gisella.

«Caro padre Amorth, la ringraziamo di tutto quello che ha fatto per suor Gisella ma riteniamo sia opportuno interrompere gli esorcismi» mi dice.

«Perché?» domando.

Non ho risposta.

Dice: «Abbiamo deciso così. È una decisione della comunità. Grazie di tutto. A presto».

Da quel giorno non ho più sentito parlare di suor Gisella. Che fine ha fatto? È riuscita a liberarsi? Oppure si trova ancora nelle mani del diavolo? Perché i superiori di suor Gisella hanno deciso di interrompere gli esorcismi? Difficile rispondere. È però una costante: spesso i preti e le suore quando il diavolo entra in loro non riescono a liberarsi perché i loro superiori non permettono che si vada fino in fondo con gli esorcismi. Probabilmente quando gli esorcismi iniziano la furia del diavolo diventa più evidente anche nelle ore in cui i posseduti si trovano nelle rispettive case. Spesso gli esorcismi stanano il diavolo, i superiori s'impauriscono e preferiscono interrompere. Non sempre per fortuna accade così. Ma spesso sì ed è un grave danno per quei religiosi che sono posseduti.

Con padre Francesco, invece, tutto va in modo diverso.

«Avanti.»

«Buon giorno, padre Amorth. Sono padre Francesco. L'ho chiamata l'altro giorno per...»

«Per l'esorcismo, lo so. Prima mi dica. Che tipo di disturbi ha?»

«Be' io...»

«Non tema. Mi dica tutto. Non c'è nulla di cui avere paura. Sono abituato a certe cose.»

«Ecco. Io credo di essere posseduto.»

«Questo me l'ha detto già al telefono. Ma un conto è credere di esserlo, altra cosa è esserlo veramente. Perché pensa di essere posseduto?»

«Io, durante la messa, non so come spiegare...»

«Cosa le succede durante la messa?»

«Al momento della consacrazione, sollevo l'ostia e...»

«Dica, forza, cosa succede quando c'è la consacrazione?»

«Io dico "prendete e mangiate, questo è il mio corpo", e poi "prendete e bevete, questo è il mio sangue". Ma dentro di me una sola cosa penso. O meglio, una sola cosa dico.»

«Che cosa?»

«Non è facile da dire, padre Amorth.»

«Padre Francesco, io sono un esorcista. Con il male parlo ogni giorno. Non mi impressionano certe cose. Su, sputi il rospo.»

«Va bene. Quando alzo in alto l'ostia, nell'esatto momento in cui quel pezzo di pane diventa il corpo di Cristo, dentro di me una voce forte e potente urla una bestemmia terribile. Devo mordermi la lingua per non pronunciarla a voce alta. Poi per tutta la durata della messa sto male. Vorrei scappare. Vorrei uscire dalla chiesa e urlare con quanto fiato ho in gola la mia bestemmia. Non so come ho fatto fino a oggi a resistere. Ma ogni giorno, quando dico messa, vivo questo strazio tremendo.»

«Ne ha mai parlato con qualcuno?»

«Mai.»

«Padre Francesco, mi dica. Da quanto tempo dura questa cosa?»

«Da parecchio tempo.»

«Da quanto esattamente?»

«Dal giorno stesso in cui sono stato ordinato prete. Sono nove anni.»

«Da nove anni? E lei per nove anni non ne ha mai parlato con nessuno?»

«No. Non sapevo con chi parlarne.»

«E adesso perché viene qui a dirlo a me?»

«Perché non ce la faccio più.»

«Mi dica. Ha mai partecipato a qualche rito satanico prima di essere ordinato prete?»

«No, mai.»

«Ha mai frequentato qualche stregone, qualche mago?»

«No, mai.»

«Ha mai subìto qualche malocchio?»

«Che io sappia no, mai.»

«Ha mai provato a darsi una spiegazione logica di questo fenomeno? Ha pensato che origine possa avere?»

«Ci ho pensato molto. Non so, forse...»

«Mi dica.»

«Be', non è semplice da raccontare.»

«Lo faccia.»

«Poco prima dell'ordinazione ogni fine settimana andavo

in una parrocchia ad aiutare. Un giorno venne una donna. Mi raccontò che da anni sentiva uno "spirito cattivo" dentro di sé. Proprio così. Disse "spirito cattivo". Mi fece molta pena. Disse che aveva figli e che lo spirito cattivo la tormentava di continuo. Mi raccontò che in famiglia il marito e anche i figli avevano cominciato a emarginarla, credendola pazza. Ripeto, mi fece una grande pena. Non so cosa mi prese ma tutto accadde in un istante. Dissi allo spirito: "Lasciala stare! Vieni da me". Tutto accadde in un istante. Ebbi subito la netta percezione che quella cosa che stava dentro quella donna mi avesse obbedito istantaneamente.»

«Così pensa che quello spirito sia entrato dentro di lei e pensa che sia quello spirito a tormentarla durante la messa?»

«Sì. Io diedi quell'ordine perché troppa pena...»

«Lasci stare. Non c'è bisogno che aggiunga altro. Meglio avrebbe fatto a pregare per quella donna. E magari a portarla da un esorcista. Certe richieste non si fanno nemmeno per scherzo. Le richieste, le preghiere, le suppliche si fanno solo a Dio. Il nostro orgoglio, caro padre Francesco, va tenuto a bada. Non si salva la vita degli altri supponendo di riuscire a fare cose che non sono nelle nostre forze. La vita degli altri si salva con la preghiera e con tanta umiltà. Non si scherza col diavolo, ammesso che di diavolo si tratti.»

«Be', di cosa altrimenti?»

«Padre Francesco, affidiamoci al buon Dio.»

«Va bene, io...»

«Non è più il tempo delle parole. È semmai il tempo dell'azione. Se di possessione davvero si tratta nove anni sono tanti. Tantissimi. Sarà molto dura. Lei poi è un prete. E ciò aggrava tutto. Padre Francesco, male ha fatto a non venire qui prima. Si sieda su quella sedia. Ora indosso la stola, prendo l'olio santo, l'acqua benedetta, il rituale e provo a esorcizzarla. Vediamo. Nel nome del Padre, e del Figlio, e dello Spirito Santo. Gloriosissimo principe delle celesti milizie, arcangelo san Michele, difendici nelle battaglie contro tutte le potenze delle tenebre e la loro spirituale malizia. Vieni in aiuto degli uomini creati da Dio a sua immagine e somiglianza e riscattati a gran prezzo dalla tirannia del demonio. Tu sei venerato dalla Chiesa quale suo custode e patrono, e a te il Signore ha affidato le anime che un giorno occuperanno le sedi celesti. Prega, dunque, il Dio della pace a tenere schiacciato Satana sotto i nostri piedi, affinché non possa continuare a tenere schiavi gli uomini e danneggiare la Chiesa. Presenta all'Altissimo con le tue le nostre preghiere, perché discendano tosto su di noi le sue divine misericordie, e tu possa incatenare il dragone, il serpente antico, Satana, e incatenato ricacciarlo negli abissi, donde non possa più sedurre le anime.»

«Non mi succede nulla, padre Amorth. Nulla. Sto bene.»

«Mi fa piacere. Qui però parlo solo io. Silenzio, per favore.»

«Ma non c'è bisogno che lei parli. Sto bene davvero.»

«Silenzio! In nome di Gesù Cristo, nostro Dio e Signore, e con l'intercessione dell'Immacolata Vergine Maria, madre di Dio, di san Michele arcangelo, dei santi apostoli Pietro e Paolo e di tutti i santi, fiduciosi intraprendiamo la battaglia contro gli attacchi e le insidie del demonio. Sorga il Signore e siano dispersi i suoi nemici. Fuggano dal cospetto di lui coloro che lo odiano. Svaniscano come svanisce il fumo: come si fonde la cera al fuoco, così periscano i peccatori dinanzi alla faccia di Dio.»

«Insisto, padre Amorth. Non c'è bisogno. Sto bene...»

«La mia pazienza ha un limite, padre Francesco. Ho detto che qui parlo solo io.»

«Va bene, ma io lo dico per lei, non c'è bisogno...»

«Ti esorcizziamo, spirito immondo, potenza satanica, invasione del nemico infernale, con tutte le tue legioni, riunioni e sette diaboliche, in nome e potere di nostro Signore Gesù Cristo: sii sradicato dalla Chiesa di Dio, allontanati dalle anime riscattate dal prezioso sangue del divino agnello. D'ora innanzi non ardire, perfido serpente, d'ingannare il genere umano, di perseguitare la Chiesa di Dio, e di scuotere e crivellare, come frumento, gli eletti di Dio. Te lo comanda l'altissimo Dio, al quale, nella tua grande superbia, presumi di essere simile; te lo comanda Dio Padre; te lo comanda Dio Figlio; te lo comanda Dio Spirito Santo; te lo comanda il Cristo, Verbo eterno di Dio fatto carne, che per la salvezza della nostra razza perduta dalla tua gelosia, si è umiliato e fatto ubbidiente fino alla morte; che edificò la sua Chiesa sulla ferma pietra, assicurando che le forze dell'inferno non avrebbero mai prevalso contro di essa e che sarebbe con essa restato per sempre, fino alla consumazione dei secoli. Te lo comanda il segno sacro della croce e il potere di tutti i misteri di nostra fede cristiana. Te lo comanda la eccelsa madre di Dio, la vergine Maria, che dal primo istante della sua immacolata concezione, per la sua umiltà, ha schiacciato la tua testa orgogliosa. Te lo comanda la fede dei santi Pietro e Paolo e degli altri apostoli. Te lo comanda il sangue dei martiri e la potente intercessione di tutti i santi e sante. Dunque, dragone maledetto, e tutta la legione diabolica, noi scongiuriamo te per il Dio vivo, per il Dio vero, per il Dio santo; per Iddio che tanto ha amato il mondo da sacrificare per esso il suo Unigenito Figlio, affinché chiunque crede in lui non perisca, ma abbia la vita eterna; cessa d'ingannare le umane creature e di propinare loro il veleno della dannazione eterna; cessa di nuocere alla Chiesa e di mettere ostacoli alla sua libertà. Vattene Satana, inventore e maestro di ogni inganno, nemico della salvezza dell'uomo. Cedi il posto a Cristo, sul quale nessun potere hanno avuto le tue arti; cedi il posto alla Chiesa, una, santa, cattolica e apostolica, che lo stesso Cristo conquistò col suo sangue. Umìliati sotto la potente mano di Dio, trema e fuggi all'invocazione che noi facciamo del santo e terribile nome di quel Gesù che fa tremare l'inferno, a cui le virtù dei cieli, le potenze e le dominazioni sono sottomesse, che i cherubini e i serafini lodano incessantemente, dicendo: "Santo, Santo, Santo il Signore Dio Sabaoth". O Signore, ascolta la nostra preghiera. E il nostro grido giunga fino a te.»

«Hai finito?»

«Non ho finito.»

«Forse non hai capito la mia domanda... hai finito prete?»

«Taci, spirito immondo. Non hai ancora compreso? Qui comando io. Zitto e ascolta bene le mie parole. Perché adesso è quel Dio che col suo Figlio ti ha sconfitto e umiliato una volta per sempre che chiamo qui in mio aiuto. Perché non io ma io attraverso il Padre mio ti scaccerò nell'inferno. Poi chiuderò la porta e getterò via le chiavi. Perché lì devi stare per l'eternità. A nulla varranno i tuoi pianti e lamenti. Nessuno verrà mai ad aprirti. Ascolta bene quanto ho da dirti immondo drago che ti illudi di tenere in mano il mondo mentre ciò che stringi polvere diventa e il vento la disperde e nulla rimane. Ascolta bene perché questa è la preghiera di Leone XIII contro Satana e gli angeli ribelli. Questa è la preghiera che più potente non ce n'è. Ascolta e trema perché è il Signore Dio che chiamo qui innanzi a te: Dio del cielo, Dio della terra, Dio degli angeli, Dio degli arcangeli, Dio dei patriarchi, Dio dei profeti, Dio degli apostoli, Dio dei martiri, Dio dei confessori, Dio delle vergini, Dio che hai il potere di donare la vita dopo la morte, e il riposo dopo la fatica, giacché non v'è altro Dio fuori di te, né ve ne può essere, se non tu, creatore eterno di tutte le cose visibili e invisibili, il cui regno non avrà fine; umilmente supplichiamo la tua gloriosa maestà di volerci liberare da ogni tirannia, laccio, inganno e infestazione degli spiriti infernali, e di mantenercene sempre incolumi. Per Cristo nostro Signore. Amen. Liberaci, o Signore, dalle insidie del demonio. Affinché la tua Chiesa sia libera nel tuo servizio. Ascoltaci, te ne preghiamo, o Signore. Affinché ti degni di umiliare i nemici della santa Chiesa. Ascoltaci, te ne preghiamo, o Signore.»

Adesso un silenzio di ghiaccio avvolge l'aria tutt'intorno. Ho finito e padre Francesco sembra sconvolto.

«Adesso ho finito padre Francesco. Può alzarsi. L'esorcismo è finito. Non tema. Ora può parlare, caro figlio. Forza, coraggio, in piedi.»

«Cosa è successo?»

«Le ho fatto un esorcismo. Lo spirito è uscito un po' fuori. C'è. Dobbiamo vederci spesso.»

«È grave?»

«Don Francesco, non è una malattia. È una possessione. Nove anni sono tanti. Non so quanto ci vorrà per liberarla. Lei adesso deve fare una sola cosa: tutti i giorni dire messa, recitare il breviario, e recitare il rosario. Il venerdì digiuno totale. Tutti i giorni si astenga dal mangiare carne. Preghi più che può. Ci vediamo una volta alla settimana. E vediamo come va.»

Ci vorranno anni per liberare padre Francesco. Un prete posseduto non è acqua fresca. Perché Dio permette tutto questo? Spesso perché chi è posseduto ne guadagni in santità. Le sofferenze di don Francesco senz'altro sono servite a lui e, in modo misterioso, a tanti altri. Soffrire in silenzio. Soffrire di pene così terribili. E offrire queste pene per il prossimo. È un modo efficace per fare del bene. Chi vede questa sofferenza? Nessuno. È nascosta all'uomo. Ma ben visibile a Dio. Dio la vede e la usa per aiutare chi di soffrire non è capace.

Chi sta male e non ce la fa ad andare avanti. Chi pecca e dal peccato non sa liberarsi. Coloro che non hanno fede. Padre Francesco oggi è libero. Ma dovrebbe ringraziare per la sofferenza che ha patito. Il suo buio, accettato e offerto a Dio, ha dato la luce, ne sono convinto, a tanta gente.

Certo, è terribile che un religioso, uno che ha dedicato la sua esistenza a Dio, cada nelle mani del demonio. Ma questa cosa non deve stupire più di tanto. Nessuno è immune dagli attacchi del male. Anche i religiosi, anche i preti, le suore, i vescovi, i cardinali, il Papa. Nessuno è immune. Quando penso ai religiosi posseduti penso sempre che contro di loro Satana si scaglia in modo particolarmente violento. Per cui se non sono uomini di grande fede e soprattutto di tanta preghiera rischiano purtroppo di cadere. E possono dannarsi, come tutti. Satana tenta di più chi si dedica a Dio perché conquistare un prete significa conquistare, a cascata, tante altre anime, le anime di coloro che sono legate al prete. Un sacerdote all'inferno significa tante altre anime all'inferno, dietro a lui.

Ma Satana attacca anche coloro che non vogliono cedergli. A volte prende il sopravvento anche su persone, preti o suore o anche laici, che volontariamente sono integerrimi nella loro opposizione al male.

Satana è il male e spesso il male è cieco. Ricordate Gesù? Pensate cosa ha dovuto subire lui prima di morire. Era l'agnello innocente. Aveva dalla sua parte Dio, suo padre, ma il male non l'ha risparmiato. Si è abbattuto su di lui fino a ucciderlo. In fondo le possessioni si possono leggere anche così: come attacchi violenti del demonio che, indiscriminatamente, colpiscono anche gli innocenti. Non sempre le possessioni, come anche il male in generale, hanno una spiegazione. A volte anche la persona più santa e innocente di questo mondo può essere colpita dal demonio.

È il grande mistero di questa vita: la cecità del male.

Per questo non cerco mai di dare troppe spiegazioni alle possessioni. Ci sono e basta. E contro di esse occorre pregare Dio. Pregare, pregare e ancora pregare.

Una vicenda analoga a quella di don Francesco è capitata a Mario. Non è un prete e nemmeno un religioso. Prima della possessione era un padre di famiglia pieno di Dio. Era un manager affermato, tanti soldi e tante benedizioni sulla sua famiglia. Fino a quando, un giorno, arrivò il momento di andare in pensione. Quando finalmente poteva dedicare più tempo a se stesso e al suo spirito qualcosa di strano entrò dentro di lui. Fu Satana, in persona, ad aggredirlo.

È una soleggiata mattina di giugno a Berna, in Svizzera. Finalmente l'ultimo giorno di lavoro è arrivato. Dopo quattro decenni di duro lavoro e di una carriera che l'ha portato ai vertici della medicina del paese, Mario varca per l'ultima volta la porta del suo ospedale. Non ama guardarsi indietro. Non conosce il significato della parola nostalgia. Gli piace guardare sempre avanti. Pensare al futuro. Agli anni che adesso può dedicare con maggiore libertà alla moglie Milena e a Dio. Vuole viaggiare con lei e insieme dedicarsi al proprio spirito, alla propria anima.

Mario è cattolico praticante. Tra le anime più devote della parrocchia dove risiede. Così l'ultimo giorno in azienda è per lui un giorno di festa. La fine di una parte di vita e l'occasione per un nuovo inizio. La giornata scorre veloce tra brindisi e abbracci. La sera, prima di tornare a casa, Mario si ferma da un fioraio. Compra un mazzo di fiori per la moglie. Entra in casa, l'abbraccia e siede a tavola per cenare.

«Mario, diciamo una preghiera prima di iniziare. Ringraziamo Dio.»

Milena recita un *Gloria al Padre*. Mario, stranamente, resta in silenzio.

«Non preghi con me?»

Mario ha una faccia strana. L'amore col quale guardava la moglie fino a pochi istanti prima è divenuto odio.

«Taci!» urla. Si alza e si chiude in bagno.

Milena non sa che dire. È senza parole.

«Mario, che succede?»

Silenzio.

«Mario, dimmi qualcosa!»

Ancora silenzio.

Dopo ripetute domande Mario apre la porta. Adesso sembra tornato in sé.

«Scusami» dice. «Non so cosa mi ha preso. Andiamo a cenare.»

I giorni successivi tutto sembra normale. I due coniugi vivono bene. Il ricordo di quella sera non è altro, almeno per Milena, che un brutto ricordo. "Forse" ha poi pensato la donna, "la giornata particolarmente elettrizzante dell'ultimo giorno di lavoro gli ha dato un po' alla testa. Ma ora, per fortuna, è tutto finito."

In verità non è finito nulla. Mario ha imparato a simulare. Non vuole ferire ancora la moglie. Ma quando lei prega lui impazzisce. Riesce però a farsi forte. A pregare anche lui con lei. Nonostante che dentro di sé, ogni volta che Milena recita una preghiera, qualcosa si svegli.

"Cos'è?" si domanda.

E soprattutto: "Chi è?".

Non è facile per Mario nascondere dentro di sé questa nuova presenza che lo invade. La domenica, a messa, è un'ora di battaglia furente. Mario contro se stesso. Mario contro la propria anima. O meglio contro qualcuno presente dentro la propria anima. Mario lo sente. Sa che c'è. Ma non sa dargli un nome. Quando il prete, la domenica, inizia a dire messa, Mario sente come se tutto l'odio del mondo si concentri dentro di lui. È un odio che non si può spiegare. Feroce. Violento. Omicida. È un sentimento che viene da un mondo lontano. Buio. Remoto. E anche disperato.

Mario fa finta di niente. Ma non è facile. Anche perché più passano i giorni più gli attacchi sono violenti. Difficili da contenere.

Un giorno marito e moglie sono a tavola. È quello un appuntamento che Mario teme particolarmente. Perché Milena, come sempre, vuole pregare. Mario non osa dirle di lasciar perdere.

«Mario, diciamo un'*Ave Maria*.»

«Diciamola.»

Con uno sforzo sovrumano Mario riesce a concludere la preghiera. Milena però nota che qualcosa non va. E in cuor suo recita una seconda volta l'*Ave Maria* in silenzio. Mario, o meglio colui che sta dentro di lui, sente questa preghiera uscire dal cuore della moglie. E attacca. Mario è impreparato. Non si aspetta la preghiera silenziosa di Milena e dunque non fa in tempo a opporre resistenza a colui che è dentro di sé. Il suo corpo è mosso da una volontà non sua. È lui che agisce ma nello stesso tempo non è lui.

Si alza in piedi di scatto e ribalta la tavola.

«Smettila!» urla.

E ancora: «Smettila! Non capisci che la devi smettere di pregare! Adesso basta! Basta! Basta!».

Il viso di Mario è a un centimetro da quello di Milena che, pallida, non reagisce.

Mario capitola. Quando si riprende dice tutto a Milena.

«Cara, non so spiegare cosa mi stia succedendo. So solo che ogni volta che qualcuno prega io sento dentro di me un'avversione pazzesca. Devo trattenermi per non urlare. Per non aggredire chi prega. Pensavo, una volta in pensione, di dedicarmi con maggiore assiduità a Dio. E invece no.

Oggi se c'è uno da cui non posso fare a meno di fuggire è proprio Dio.»

I due coniugi passano mesi difficili. Inizialmente si affidano ai medici. Ma i problemi per Mario non diminuiscono, anzi aumentano. I medici gli somministrano dei calmanti. Su di lui hanno un effetto eccitante. Passa ore chiuso in una stanza. È una stanza della casa pensata per gli ospiti. Diventa il nido di Mario. Trascorre lì dentro giornate intere. Anche la notte la passa lì dentro. Esce soltanto per andare in bagno. A volte, non sempre. Perché spesso defeca e urina lì. Così Milena, non senza molta fatica, deve pulire nei pochi minuti nei quali Mario le concede di entrare.

Un giorno Milena decide che deve provare a dare una scossa al marito. Per la prima volta irrompe nella sua stanza senza avvisare. Apre la porta e lo spettacolo che ha davanti a sé è agghiacciante. Mario è sdraiato per terra. Sono giorni che non si rade. La barba è lunga, scende fino al petto. Dalla stanza esce un odore nauseabondo. Non è soltanto odore di sporcizia. E qualcosa di più. È un odore sconosciuto e terribile, di morte, un odore che sembra venire da un abisso senza fine. La donna alza gli occhi sulla parete. Per poco non sviene. Incisa col sangue c'è una grande croce capovolta.

E sotto una scritta. «Io sono Dio.»

«Mario, cosa hai fatto?»

«Chi sei tu? Fuori di qui?»

«Mario, sono io, Milena. Cosa hai fatto?»

«Vattene. Non so chi tu sia. Vattene.»

«Non me ne vado finché non mi dici cosa hai fatto.»

Mario si alza. Spinge con violenza Milena fuori dalla stanza e richiude la porta.

La donna si rialza. Si butta contro la porta e inizia a battere i pugni.

«Mario, basta! Mario, basta!» dice piangendo. E piange

per interi minuti. Senza smettere. Lei fuori dalla porta. Dentro Mario che non risponde più nulla. Finché, a sopresa, dice: «Non sono io».

«Come, Mario, cosa hai detto?»

«Non sono io, non capisci? È lui.»

«È lui chi?»

«È lui che mi possiede. È lui che fa tutto. Ti prego aiutami.»

Ecco un pertugio. Ecco la volontà dell'uomo che, seppure per un istante, ancora cerca di aggrapparsi alla vita rinnegando la malefica presenza. Ed è così che la donna capisce che non può più aspettare. Esce di casa e va in parrocchia. Incontra il parroco e gli dice: «Padre, non ce la faccio più. Mario ha bisogno di un aiuto. O sarà la fine».

Il parroco, assieme a Milena, bussa alle porte di quasi tutti i vescovi della Svizzera. Nessuno è in grado di aiutarli. O meglio, nessuno vuole aiutarli. Perché? Perché nessuno – è una verità amara – crede nell'esistenza di Satana. Non ci credono e dunque non credono negli esorcismi. Così i due chiamano Roma. E dopo un po' di telefonate arrivano fino a me.

È poco prima di Natale quando suono il campanello della casa dei due coniugi. Il parroco di Mario e di Milena mi ha contattato implorandomi di intervenire. Ho tantissima gente da esorcizzare. Non mi va di farmi carico di un'altra persona. Ma il parroco insiste e io non so dire di no quando la gente insiste. Avrei preferito fossero venuti entrambi da me. Ma Milena non è riuscita a convincere suo marito.

«Dai Mario, andiamo da padre Amorth, ci aiuterà.»

«No. Se vuole venga lui. Io non mi muovo.»

È difficile quando la possessione è così radicata capire dove inizia la volontà dell'uomo e dove quella del diavolo.

Suono il campanello. Milena è una signora ormai anziana. Ha gli occhi gonfi come se piangesse da una vita. Ma è una donna forte ed energica. E soprattutto di grande fede.

«Padre, lei non sa come sono contenta che sia venuto qui. Mio marito è in sala, l'aspetta.»

Entro in sala. Sul divano è seduto un uomo magro, capelli lunghi e barba sfatta.

«Buon giorno, lei dovrebbe essere Mario, giusto?»

Nessuna risposta.

«Mario, può sentirmi? Sono padre Gabriele Amorth. Mi hanno detto che lei ha bisogno di me, può sentirmi?»

Nessuna risposta.

Mario, è una statua di sale. Non parla e non reagisce. Il suo sguardo sembra perso nel vuoto.

«Signora, ma non risponde nemmeno a lei?»

«Quasi mai. Se mi parla ormai è soltanto per urlare insulti sconclusionati. Padre, ci aiuti, la prego.»

«Mario, sono padre Amorth. Adesso dirò una preghiera per lei, va bene?»

Nessuna risposta.

Inizio la preghiera di esorcismo. Mario non reagisce. Non si muove e non parla. Arrivo fino in fondo all'esorcismo senza alcun problema. Così saluto Milena e le prometto di tornare il giorno successivo.

«Ci vediamo domani. Se Mario è davvero posseduto, questo diavolo che lo possiede sa come nascondersi.»

Il giorno dopo la scena si ripete uguale. Mario è ancora seduto in sala. Stessi vestiti. Stessa postura. Stessa faccia.

Alle mie domande non risponde. All'esorcismo non reagisce. E così sarà per tutto il mese. Vado da lui tre volte alla settimana e la reazione è sempre la medesima. Non so che fare. Non so cosa pensare. Così provo a suggerire alla moglie un'altra strada. Le dico: «Perché non prova a chiamare un'altra persona? C'è un esorcista molto bravo nel Nord Italia non lontano da qui. Credo occorra provare con un'altra persona. Con me non reagisce. Forse il diavolo è troppo intelligente e capisce che nascondersi è l'unica sua salvezza. Ma forse se prova un altro al posto mio può essere diverso».

Prendo contatti con questo mio amico, don Saverio, che si reca da Mario il mese successivo.

Il giorno dopo il loro appuntamento chiamo don Saverio.

«Come è andata?»

«Una possessione terribile.»

«Davvero? Con me Mario non reagiva.»

«Con me sì. Appena ho iniziato l'esorcismo gli occhi sono diventati bianchi, si è buttato per terra. Schiumava dalla bocca. Ma non mi ha parlato. Mi ha soltanto detto: "Tu non sai chi sia io, io sono il principe delle tenebre, sono Satana, cosa credi di fare con me prete?". Credo sia molto dura.»

Mario e Milena vedono don Saverio più volte durante le settimane successive. Ma non riuscirà mai a liberarsi.

Un giorno, anni dopo, suona il telefono di casa mia.

«Buon giorno padre Amorth, sono Milena, la moglie di Mario, si ricorda di me?».

«Certo che mi ricordo. Come potrei scordarmi. Come sta?»

«Io bene».

«E suo marito?»

Silenzio.

«Signora, c'è qualcosa che non va? Come sta suo marito?»

«È morto ieri sera.»

«Signora Milena, mi dispiace. Come è successo?»

«Era chiuso in stanza. Sentivo che urlava. A un certo punto ho sentito che diceva: "Lasciami stare! Lasciami stare!". Poi ho sentito un tonfo. Ho aperto la porta e l'ho trovato per terra, morto. Ha avuto un infarto. Padre Amorth, non si è mai liberato, non si è mai liberato.»

Milena piange inconsolabile.

«Cara Milena, ma adesso è tutto finito. Adesso Mario è in pace.»

«Davvero? Come fa a saperlo?»

«Milena, suo marito era un sant'uomo. La possessione resta un mistero ma senz'altro le sue sofferenze sono state permesse da Dio per la sua salvezza e quella di molta altra gente.»

«Padre, mio marito era davvero un santo, io non so come sia stato possibile tutto questo.»

«Milena, non si faccia del male con troppe domande. Preghi per Mario e abbia fiducia che tutto per lui adesso si è risolto per il meglio.»

È dura la lotta contro il diavolo. Ed è una lotta che si può anche perdere. È una lotta che noi esorcisti combattiamo in prima linea. Ma con noi a combattere in prima linea ci sono anche i posseduti. Anche loro combattono. E lo fanno con atroci sofferenze. Lo fanno conducendo apparentemente una vita normale. Perché qui sta la loro croce: essere posseduti ma essere insieme costretti a vivere come vivono tutti. Avere dentro un fuoco che li divora ma non poterlo dire a nessuno.

Simona è una donna di quarant'anni. Ha un incarico dirigenziale in un'importante azienda del Nord Italia. Tutti i giorni deve interagire con altre persone, la segretaria personale, i colleghi, le telefonate dei clienti, le riunioni. Il suo è un lavoro esaltante ma anche molto impegnativo. Ricopre un ruolo ambitissimo e molto difficile da raggiungere. Peccato che per arrivare tanto in alto Simona abbia dovuto giocare sporco, molto sporco.

Ha stretto un patto con Satana.

«Ti vendo la mia anima se mi fai arrivare in alto» dice Simona a Satana durante una seduta spiritica alla quale è stata invitata da un adepto di una potente setta satanica. Prima di partecipare alla seduta questa persona le dice: «Simona, vuoi far carriera e guadagnare tanti soldi? Vendi la tua anima a Satana. Vedrai quanti benefici avrai!». E Simona, appena entrata in seduta, fa sciaguratamente ciò che il suo amico le ha precedentemente suggerito.

E Satana cosa fa? L'ascolta prontamente.

In cinque mesi Simona riesce a salire i gradini decisivi verso i ruoli dirigenziali più ambiti. Da semplice dipendente si ritrova dirigente, uno stipendio più che triplicato con benefit a non finire.

Ma il patto col diavolo non è senza prezzo. Regalare l'anima al demonio, infatti, comporta poi dover condurre una vita tenuta sotto scacco continuamente dal diavolo stesso.

Simona si accorge presto che la presenza di Satana nella sua vita è tutt'altro che discreta. Egli, Satana, si rende presente spesso, anche sul lavoro. Del resto che altro dovrebbe fare? L'anima è sua, non è più di Simona. E quindi con la sua anima può fare ciò che gli pare e piace.

Come Satana si rende presente? Con attacchi furiosi. Attacchi d'ira e di odio. Simona deve scappare in bagno, chiudersi dentro quando questi attacchi montano, altrimenti rischia di provocare incidenti di una certa gravità.

Spesso le capita di trovarsi da sola con la sua segretaria. Di colpo un odio furente le acceca la mente. Tutto dentro di lei le dice: "Buttati addosso a lei, colpiscila, uccidila!".

Simona deve scappare. Chiudersi in bagno. Prendere a calci e pugni il muro. Sfogarsi violentemente contro la parete del bagno per cinque minuti e quindi calmarsi. Lo sfogo è violentissimo. Spesso Simona prende il muro a testate e quando esce dal bagno i segni sono difficilmente nascondibili. Ma se non agisce in questo modo le conseguenze per le persone che le stanno attorno potrebbero essere devastanti. Dopo lo sfogo tutto torna apparentemente normale, fino a quando un nuovo attacco torna violento.

Simona scopre presto che il patto col diavolo è un boomerang per la sua vita. È vero: guadagna molti soldi ed è una dirigente importante, ma la sua vita è divenuta oramai un inferno, nel vero senso della parola. Satana la attacca tutti i giorni, anche nei momenti più inopportuni. E liberarsene è di fatto impossibile.

Per questo viene a chiedere aiuto a me. Immediatamente la metto in un regime di preghiera quotidiana. Quindi le dico di tagliare ogni rapporto con la persona che l'ha portata a fare la seduta spiritica. Percepisco bene l'influenza negativa di questa persona sulla vita di Simona e le chiedo di tagliare ogni tipo di rapporto. E poi le dico: «Una volta alla settimana dobbiamo fare un esorcismo e vedere come va».

«E quando Satana mi attacca sul lavoro cosa devo fare, padre?»

«Anzitutto nasconditi. Per il momento è giusto così. Non riusciresti a resistergli. Ma insieme mentre ti nascondi prova a pregare. Recita questa preghiera: "O Maria, concepita senza peccato, prega per noi che ricorriamo a te". Sai che preghiera è? È l'unica preghiera che la Madonna abbia mai dettato. E, dunque, è una preghiera molto importante perché viene direttamente dal cuore della Madonna. Era la notte del 18 luglio 1830. Caterina Labouré, figlia della Carità di san Vincenzo De Paoli, si sentì chiamare dai piedi del letto: "Suor Labouré! Suor Labouré!". Si svegliò di soprassalto e vide un bimbo risplendente di luce, il suo angelo custode, che la invitava a recarsi in cappella: "Vieni in cappella, la Madonna ti aspetta" le disse. Caterina si vestì e seguì l'angelo. Nella cappella, la giovane suora fu condotta fino al presbiterio e qui la Madonna le apparve. Ebbe così inizio tra la Madonna e Caterina un colloquio durato oltre due ore. Prima di scomparire la Madonna disse a Caterina: "Ritornerò, figlia mia, perché ho una missione da affidarti". A un tratto il globicino che la

Madonna teneva sul cuore scomparve in alto e le sue mani si abbassarono avvolgendo il mondo che aveva sotto i piedi con raggi luminosi, simbolo delle grazie ottenute. Si formò, quindi, attorno alla figura della Madonna, una cornice ovale con le parole della giaculatoria a caratteri d'oro: "O Maria, concepita senza peccato, prega per noi che ricorriamo a te!". Poi il quadro sembrò voltarsi. La figura della Madonna scomparve e rifulse al centro una grande M, sormontata da una crocetta. Sotto la M brillarono i sacri cuori di Gesù e di Maria. Attorno si stagliarono dodici stelle. La veggente sentì una voce che le diceva: "Fa' coniare una medaglia su questo modello, le persone che la porteranno al collo con fiducia, riceveranno grandi grazie!". La medaglia dell'Immacolata, coniata nel 1832, fu denominata dal popolo stesso Medaglia Miracolosa, per il gran numero di grazie spirituali e materiali ottenute per intercessione di Maria. Qualche tempo dopo la Madonna apparve una seconda volta. Aveva una veste color bianco-aurora, un manto azzurro, un velo bianco in testa ed era ritta su di una mezza sfera, avvolta da un serpente verdastro. All'altezza del cuore, la Madonna reggeva con le mani e stringeva amorosamente un altro globicino dorato, offrendolo a Dio con atteggiamento materno. Una voce disse alla veggente: "Questo globicino simboleggia il mondo intero e ogni anima in particolare". Poi le dita della Madonna si riempirono di anelli splendenti, ornati di pietre preziose che irradiavano fasci di luce verso il basso. Ecco, Simona, metti anche tu al collo questa medaglia e quando l'attacco di Satana è furente recita questa preghiera con fede.»

Simona torna alle sue occupazioni. Gli esorcismi si rivelano molto tranquilli. Il diavolo durante gli esorcismi riesce a stare nascosto. Apparentemente Simona sta bene. Poi però quando torna al lavoro il diavolo si mostra in tutta la sua forza. Con Simona sono chiaro fin da subito: «Non credere che tutto si risolva in poco tempo. Tu hai venduto la tua anima a Satana. Ora per riaverla indietro devono passare anni. Ne sono sicuro».

Al lavoro Simona prova a mettere in pratica la mia "tecnica". Durante gli attacchi fugge in bagno e lì recita la preghiera che le ho insegnato stringendo forte la Medaglia Miracolosa. Inizialmente questa preghiera non ha nessun effetto. Ma dopo qualche mese un risultato arriva. Simona quando esce dal bagno non è più segnata da lividi ed ematomi. Picchia la testa ancora contro il muro, prende il muro a calci e pugni, ma misteriosamente il suo corpo non subisce danni.

«Hai visto?» le chiedo. «Satana è ancora in te ma anche la Madonna sta facendo la sua parte. Vedrai, andrà tutto bene.»

Passano due anni e Simona sul lavoro è davanti a un dilemma importante. Il capo dell'azienda le offre su un piatto d'argento l'ennesima promozione. Le propone di diventare sua vice, in sostanza la numero due dell'intera azienda. Solo che la promozione ha un costo, il licenziamento dell'attuale vice direttore. Simona mi parla della cosa. Le dico: «Rinuncia alla promozione. Questa è una prova del cielo. La carriera te l'ha fatta fare Satana. Adesso egli ti offre un'ulteriore promozione. E che te la offre lui è evidente: te la offre a discapito del lavoro di un tuo collega. Per questo devi fare solo una cosa: rinunciare. Abbi fiducia nella Madonna. Se dici di sì per il diavolo sarà una prova che stai dalla sua parte e questa prova sarà usata da lui contro la Madonna davanti a Gesù. Rinuncia. E abbi fiducia nella Madonna».

«Ma padre Gabriele, se io dico di no un altro al mio posto dirà di sì e il vice direttore sarà comunque licenziato...»

«Sì, ma tu avrai la coscienza a posto. E il tuo dire di no a Satana sarà di grande aiuto per la tua liberazione.»

Simona non accetta la proposta del suo capo. Questi, incredulo, prende atto della sua decisione. Da quel momento la carriera di Simona inizia a precipitare vertiginosamente. Nel giro di sei mesi viene licenziata. È la fine di tutto? No, è l'inizio di tutto. Simona per due anni è disoccupata. Sono due anni molto duri per lei. Io la sostengo dicendole di avere fiducia. Dopo due anni si libera di Satana. Accade un pomeriggio. È in casa con un'amica. Sente Satana che si fa presente dentro di lei. Sente l'odio verso tutto e tutti montarle dentro. Sente di odiare la sua amica e sente il desiderio di ucciderla. Corre in bagno. Ma al posto di scalciare urla. Alla fine dell'urlo è libera. Nei giorni successivi la sua vita cambia. Trova un nuovo lavoro. La luce torna a risplendere.

Simona lo scoprirà poi. Durante questi anni a sua insaputa ho fatto pregare molta gente per lei. Anche queste preghiere le sono servite. Questa gente che prega è una benedizione del cielo. Una benedizione per i miei esorcismi. In questi anni ho avuto tanta gente accanto che mi ha sostenuto con le preghiere. Insieme, ho avuto anche una persona particolare. Una persona con un carisma unico. Senza di lei il mio lavoro sarebbe stato molto, molto più difficile.

Un giorno viene da me una giovane farmacista. È posseduta e non riesce a liberarsi. Mi dice però che la sua vita è molto migliorata da quando ha conosciuto "il professore".

«Da quando ha conosciuto chi?»

«"Il professore", padre Amorth. Lo chiamano tutti così. Vive in un paesino dell'Italia centrale. È stato lui ad aiutarmi e a dirmi del fazzoletto rosso.»

«Le chiedo scusa ma non riesco a seguirla. Cos'è questa storia del fazzoletto?»

«Un giorno un'amica, che era a conoscenza della mia possessione, mi ha dato il numero di telefono di questa persona, "il professore", un sensitivo che mi diceva fosse in grado di dare grandi benefici alla gente. Lo chiamai e gli raccontai della possessione e gli chiesi aiuto. Senza mai avermi visto e senza mai avermi parlato prima mi disse di andare nella mia camera da letto. Disse: "In camera hai un armadio a tre ante. In fondo all'anta di sinistra c'è nascosto un fazzoletto rosso annodato. Prendilo. Brucialo. Quel fazzoletto è maledetto. Se lo farai la tua vita migliorerà". Incredula, vado in camera. Svuoto l'armadio e in fondo all'anta di sinistra trovo questo fazzoletto. Non mi spiego come sia finito lì. Ma c'è. Lo prendo. Lo brucio e mi sento immediatamente meglio.»

Mentre ascolto questa storia non immagino che di lì a poco anche per me, questo "professore" diventerà indispensabile. Non immagino che sarà lui a darmi una grossa mano, soprattutto quando davanti ho dei casi di possessione che non riesco a risolvere.

"Il professore" è un sensitivo. Vive nell'Italia centrale. Ha questo dono particolarissimo per cui sa riconoscere, anche solo stando al telefono, se la persona che gli parla è posseduta oppure no. Non solo. Sa dire da dove viene la possessione. Se è causata da un maleficio procurato tramite un mago o un satanista oppure da altro. L'ho chiamato tantissime volte ma non l'ho mai incontrato di persona.

Mi convinco che mi posso fidare di lui quando Gianluca, un signore di cinquant'anni con una gravissima e profondissima possessione, viene da me. Lo accolgo in casa e subito gli chiedo: «Da quanto tempo hai questi disturbi?».

«Da quando sono piccolo.»

«E in tutti questi anni cosa hai fatto per combattere questi fenomeni?»

«Padre Amorth, non ho fatto niente.»

Gianluca ha cinquant'anni. Non è mai andato in chiesa. Non crede. Si dichiara ateo.

Quando ha sei anni incomincia a subire alcuni piccoli disturbi. La notte non riesce a dormire. Sente delle voci che nel buio gli parlano: «Gianluca, Gianluca, non puoi dormire. Ci siamo noi, devi fare attenzione. Non puoi dormire, Gianluca. Adesso veniamo a prenderti e ti portiamo via. Gianluca...».

I suoi genitori non fanno molto caso a questi fenomeni.

Pensano: "Crescerà. Sono disturbi dell'età".

E anche Gianluca cerca di non pensarci troppo. Passano i mesi e i disturbi non diminuiscono, anzi aumentano. Trascorre notti insonni e di giorno è agitato. Sempre furente contro tutto e tutti. I suoi ritengono abbia problemi caratteriali. Lo fanno seguire da uno psicologo. La situazione non migliora. Anzi peggiora. Più cresce più i problemi "caratteriali" si acuiscono. A scuola va male. Già alle scuole medie viene bocciato. I compagni di classe lo emarginano. Non lo considerano. Se possono lo prendono in giro. Gianluca soffre ma i genitori non gli sono di grande aiuto. Così i suoi insegnanti, che altro non sanno dire se non che «capita anche alle migliori famiglie di avere una mela marcia in casa».

Gianluca non riesce ad avere relazioni normali con nessuno. Non ha amici. Non ha fidanzate. Non ha amori. Lascia presto gli studi. Cerca lavoro, ma non lo trova. Rimane disoccupato per anni. A volte riesce a fare piccoli lavori pagati però molto poco. Non ottiene mai un impiego stabile. Le voci lo accompagnano sempre. Lo seguono e lo tormentano. Adesso non si palesano solo la notte. Ma anche di giorno, sempre. Lo disturbano in continuazione. Sono innumerevoli. Costanti. Un incubo infinito. I medici non sanno che fare con lui. Le medicine non lo calmano. Le psicoterapie non approdano a nulla.

"Forse è semplicemente pazzo", pensano tutti.

La religione, il cristianesimo, sono temi che non lo toccano né appassionano. Un giorno su internet legge la storia di una persona che, come lui, per anni ha sentito delle voci e che, dopo immani sofferenze, ha smesso di sentirle grazie all'aiuto di un esorcista. Quell'esorcista sono io.

Gianluca riesce a trovare il mio numero di telefono. Mi chiama e gli do un appuntamento.

«Dunque per cinquant'anni non sei mai andato in chiesa.»

«Mai.»

«Sei battezzato?»

«No.»

«Sai cos'è l'eucaristia?»

«No.»

«Sai cosa significa vivere perennemente fuori dalla grazia di Dio?»

«No.»

«Gianluca, perché sei venuto da me? Io sono un esorcista...»

«Lo so.»

«Chi è un esorcista?»

«Uno che scaccia il diavolo, credo.»

«Credi bene. Ma è uno che lo scaccia non nel suo nome ma nel nome di Gesù Cristo. Tu pensi di avere un diavolo dentro di te?»

«Più diavoli, forse. Le voci che sento sono tante e diverse.»

«Sai che se hai davvero dei diavoli dentro di te e se davvero questi diavoli ti possiedono da quando sei piccolo la lotta per la liberazione sarà durissima, forse impossibile da vincere? Sai che dovrai accettare che sia Cristo a liberarti? Se non lo vuoi, lui non può.»

Silenzio.

«Senti, Gianluca. Per aiutarti devo cercare di scoprire se davvero sei posseduto e, se lo sei, quando e perché questa possessione è iniziata. Scoprire la causa può essere un buon inizio. Per questo ti chiedo di chiamare quando torni a casa questo numero di telefono. Ti risponde un sensitivo. Credo sia molto bravo e preparato. In ogni caso se non lo è una telefonata non ti nuocerà. Lo chiami. Gli chiedi di aiutarti. Chiedigli se secondo lui sei davvero posseduto e come è possibile che il diavolo sia entrato dentro di te. Poi domani vieni ancora da me e mi racconti.»

Gianluca torna a casa. Entra. Si siede in poltrona. E compone il numero del "professore".

«Buona sera, chiedo scusa per il disturbo, mi ha dato il suo numero padre Amorth.»

«Mi dica.»

«Ecco io vorrei sapere...»

«Lei vuole sapere se è posseduto.»

«Esatto.»

«Come si chiama?»

«Gianluca.»

«Quanti anni ha?»

«Cinquanta.»

«Gianluca, lei è figlio unico, vero?»

«Sì.»

«Lei all'età di sei anni ha cominciato a sentire delle voci di notte. E queste voci non la facevano dormire.»

«Sì.»

«Lei non lo sa. Ma in quel tempo un conoscente della sua famiglia (il sensitivo dice a Gianluca nome e cognome, N.d.R.) ha fatto un malocchio su sua madre. Questa persona ha chiesto a un mago il quale, ben pagato, ha chiesto aiuto a Satana. Il malocchio ha attecchito. Diversi diavoli sono entrati in sua madre ma anche in lei. Lei soffre per colpa di questo potente maleficio.»

«Io non so che dire. So che questa persona aveva diversi motivi per odiarci... ma non pensavo...»

«Il male è imprevedibile. E colpisce nei modi più strani. Ma colpisce purtroppo. Poi più cresceva più queste voci l'hanno infastidita. I medici non le sono mai stati di aiuto. Ne ha incontrati tanti. Alle scuole medie è stato bocciato. I compagni l'hanno emarginata. Ha cercato lavoro ma non l'ha mai trovato. Un lavoro stabile, intendo. Così sono passati gli anni. Le voci non hanno mai smesso di perseguitarla. Si sono fatte sempre più potenti e invasive. E adesso vuole disfarsene, con l'aiuto di padre Amorth.»

«Senta, ma lei come fa a sapere queste cose? Ha parlato con padre Amorth? Con qualche mio familiare?»

«Non ho parlato con padre Amorth né con qualcuno della sua famiglia. Non ne ho bisogno. Sono un sensitivo. È un dono datomi da Dio. Si faccia aiutare da padre Amorth. E gli dica che deve farle degli esorcismi con il preciso scopo di rompere questo antico ma ancora potente maleficio. Può darsi che questo mago sia morto. E che non possa più nuocerle. Ma può darsi che invece sia vivo e che in qualche modo capirà, in futuro, che un esorcista sta agendo su di lei. Abbia fiducia in padre Amorth. La saluto e me lo saluti.»

Il giorno seguente Gianluca torna da me. Mi racconta della telefonata. Resto senza parole. Capisco che "il professore" mi può dare una grande mano non solo con Gianluca ma anche con altri posseduti. Scoprire l'origine della possessione è fondamentale per la liberazione. Così esorcizzo Gianluca col preciso intento di togliergli questo malocchio.

Quarant'anni non si cancellano con un esorcismo. Quarant'anni sono tanti. Tantissimi. Satana in così tanto tempo è riuscito a mettere radici profondissime. Qui, poi, non si tratta di un solo diavolo. Ma di tanti diavoli. L'impresa è delle più difficili. Capisco subito che il mago è ancora vivo. Grazie a successive telefonate al "professore" vengo a sapere che si è accorto dei miei esorcismi. E così ripete ogni settimana il maleficio contro Gianluca. Ma un maleficio ripetuto perde sempre di più la propria forza. Io tiro da una parte. Il mago dall'altra. Ma il più forte sono io perché Cristo è più forte di Satana. Cristo è Dio. Satana è soltanto un angelo che ha deciso di ribellarsi per sempre a Dio.

Incontro Gianluca per anni. La battaglia è durissima. Ma alla fine Cristo trionfa. E il mago viene sconfitto. Senza l'aiuto del "professore" tutto sarebbe stato diverso. Così comincio a consigliare anche ad altri esorcisti il suo nome. E in molti ne traggono beneficio. Ricordo, ad esempio, quanto accadde a un esorcista, padre Gerard, quando un giorno dovette recarsi in una casa. Non in una casa qualunque. Ma in una casa infestata.

Di case infestate ce ne sono tante nel mondo. Sono case dove magari ha abitato per anni un satanista. La presenza diabolica rimane anche dopo che questa persona se ne è andata. Oppure sono case costruite, senza saperlo, dove tempo prima c'era stato un cimitero. Qualche anima defunta, per motivi misteriosi, potrebbe influenzare negativamente il posto provocando non pochi fastidi. O, ancora, potrebbe essere una casa dove sono avvenuti delitti, omicidi. Il male lascia sempre una traccia di sé. E, a volte, questa traccia è come una ferita viva dalla quale può in ogni momento sgorgare morte, distruzione, cattiveria, malvagità.

Padre Gerard viene chiamato dai proprietari di questa casa. L'hanno acquistata da poco. Da quando vi abitano vivono continuamente nel terrore. Di notte sentono rumori strani. Colpi di tosse. Luci che si accendono e si spengono. Porte che si aprono e si chiudono senza motivo. Una notte si svegliano per colpa di un nauseabondo odore di gas. Corrono in cucina e trovano un rubinetto del gas inspiegabilmente aperto. A volte capita che dalla sala sentano battere per terra in cucina. Se sono in cucina sentono battere in sala. Mentre si avvicinano alla stanza dove sentono battere, i rumori s'intensificano e si fanno più forti. Quando aprono la porta ed entrano però non trovano mai nessuno. La stanza è deserta.

Padre Gerard mi chiede un consiglio. Gli suggerisco di chiamare "il professore". Questi gli dice: «Le lascio il mio cellulare. Quando entra in quella casa mi chiami. Forse potrò aiutarla».

Quando arriva fuori dalla casa infestata padre Gerard sente che qualcosa non va. La casa, in modo misterioso, lo respinge. Vorrebbe scappare ma si trattiene. Saluta i proprietari di casa che lo aspettano fuori. Si fa consegnare le chiavi e chiede loro di assentarsi per almeno due ore. Preferisce fare tutto da solo. I proprietari potrebbero intralciare il suo lavoro. Non ha mai "disinfestato" una casa. È titubante e un po' impaurito. La casa, coi suoi misteri, sembra volerlo respingere e insieme catturare.

La casa non è altro che una villetta di campagna. Ha un piccolo giardino intorno e sul retro un fitto bosco che poi sale su una grande collina. Il bosco è buio, rivolto verso nord. Incute timore. Padre Gerard decide di non indugiare troppo. Sente che una forza presente nella casa cerca di confonderlo. Non vuole che entri. Così prende in mano le chiavi e le mette nella toppa. Gira due volte la serratura e fa un passo all'interno. Una grande sala con un camino spento lo accoglie. Il pavimento è fatto di grandi piastrelle scure. Preme sull'interruttore della luce ma i contatti non fanno presa. È quasi al buio. Dalle persiane semi chiuse filtra un po' di luce. Prova ad aprire le finestre ma anche queste, inspiegabilmente, sono bloccate.

È difficile, molto difficile, da spiegare. Perché bisogna viverla un'esperienza simile per capirla. Ma quando un esorcista entra in posti come questo sente tutto intorno a sé una presenza che lo scruta, lo osserva, lo guarda. L'esorcista si sente trafitto da questo sguardo. Non sa dire dove sono gli occhi che lo scrutano. Non sa dire come sono. Non sa nemmeno dire di chi sono. Ma sa che ci sono. Sa che qualcuno lo osserva. E lo osserva con uno sguardo d'odio totale. Tutto l'odio del mondo è puntato addosso a lui. L'esorcista dentro di sé vive una lotta furibonda. Vorrebbe scappare ma non può. Vorrebbe reagire ma sa che sarebbe peggio. Se si mettesse a battagliare offrendo odio contro l'odio del suo avversario sarebbe immediatamente sconfitto. Ha solo una cosa da fare. Pregare.

«Signore Gesù Cristo, che hai vinto il male per sempre, abbi pietà di me. Signore Gesù Cristo, aiutami. Soccorrimi. Non lasciarmi solo e sconfitto.»

Padre Gerard prega. E chiama immediatamente "il professore".

«Buon giorno professore, sono padre Gerard.»

«Salve. È già sul posto?»

«Sì. Sono qui. Le luci non vanno.»

«Le luci non vanno momentaneamente. Lui le ha bloccate.»

«Non riesco ad aprire le persiane.»

«Anche quelle le ha bloccate lui.»

Padre Gerard non osa chiedere spiegazioni al "professore". Come fa a sapere tutte queste cose? Come fa a essere così sicuro di sé?

«Cosa devo fare?» chiede padre Gerard.

«La guido io. Avanzi fino alla porta innanzi a lei. La apra.»

«Aperta. È tutto buio. Non vedo niente.»

«Sulla sua destra c'è una scala. La salga.»

Padre Gerard sale a tentoni gli scalini. A un certo punto sente uno scricchiolio. Un quadro gli piomba in testa. Il cellulare gli cade per terra e si spegne. Cade anche lui. Si tocca la testa. Sente una fitta di dolore appena sopra la fronte. Un bernoccolo si è già formato. Cerca il cellulare. Lo trova. Riesce a riaccenderlo. Compone il numero.

«Tutto bene?»

«Sì, professore. Mi è arrivato addosso un quadro. Non so come sia successo.»

«È lui. Ma non deve avere paura. Il quadro era attaccato sulla parete della scala a un chiodo. Ha fatto saltare il chiodo e il quadro le è arrivato in testa. Cerchi di salire le scale.»

Padre Gerard torna a salire. Cerca di non fare rumore per riuscire a sentire eventuali altri attacchi. Pensa alle parole del professore: «È lui».

È lui chi?

Sente crescere dentro di sé la paura.

Riesce ad arrivare in cima alle scale.

«Padre Gerard, adesso ha davanti a sé un corridoio. Deve entrare nella prima stanza a destra. La porta è di quelle scorrevoli, la apra.»

Padre Gerard apre la porta ma questa si richiude velocemente. La riapre. La porta si richiude. Apre e si butta dentro la stanza. La porta si chiude alle sue spalle.

«Mi sente, padre Gerard?»

«Sì, professore, la sento. Cosa devo fare qua dentro?»

«È molto semplice. Scivoli lungo la parete di sinistra. In fondo in basso trova uno sportello. Dentro ci sono dei cavi elettrici. Apra lo sportello.»

Padre Gerard nel buio più totale striscia lungo la parete. Trova lo sportello. Lo apre.

«L'ho aperto, professore.»

«Bene. Inserisca la mano dentro. In fondo, dietro i cavi, dovrebbe trovare una piccola scatola. La prenda e la porti fuori. Esca di casa più in fretta che può. Adesso i giochi sono scoperti. Non si può più tergiversare.»

Padre Gerard trova la scatola. La prende e comincia a

fare il percorso a ritroso. Adesso la porta della stanza è aperta. Si sente più sollevato. Sembra che la presenza sinistra, quel "lui" citato prima dal professore, non ci sia più.

Ma si sbaglia.

Mentre scende le scale sente dietro di sé qualcuno che lo segue forsennatamente. Inizia a correre. Corre anche colui che lo segue. Entra in sala. Padre Gerard avanza nel buio sperando di trovare la porta d'entrata. Dietro di sé la persona che lo segue l'ha quasi raggiunto. Anzi, l'ha raggiunto. Sente il suo fiato mordergli sul collo. Padre Gerard si butta in avanti. Le mani riescono ad aggrapparsi alla maniglia della porta. In un balzo è fuori. Si gira convinto di trovarsi davanti il diavolo. È pronto a invocare Cristo in suo soccorso. Invece non c'è nessuno. C'è soltanto la porta di casa che sbatte e risbatte violentemente. E una risata sinistra, almeno così sembra a lui, si allontana infuriata.

«Professore, sono uscito. Cosa devo fare?»

«Apra la scatola e la svuoti ai suoi piedi.»

«Fatto.»

«Ci sono delle piccole ossa e altre porcherie?»

«Sì.»

«Bene, le schiacci coi piedi e poi le disperda.»

«Fatto.»

«Ottimo. Adesso non possono più nuocere a nessuno. Disunite hanno perso tutta la loro forza malefica.»

«Di cosa si trattava?»

«Di un miscuglio messo insieme dal mago che abitava la casa precedentemente. Un miscuglio destinato a infestarla fino a che qualcuno non l'avesse scoperto e distrutto.»

«Professore, ma con lui cosa devo fare?»

«Con lui chi?»

«Be', dentro la casa, un diavolo credo, mi seguiva. Anche lei diceva che lui...»

«Padre Gerard, si giri. Guardi la casa.»

Padre Gerard obbedisce. E resta senza parole.

La persiane sono tutte spalancate. Le luci accese. La casa non fa più paura.

«Padre Gerard, sa cosa è successo?»

«Mi dica.»

«È successo che lui se n'è andato.»

Mi fido del "professore" perché non ha sbagliato mai alcuna diagnosi. Ma anche perché so, pur senza averlo mai incontrato, che è un uomo umile. Attenzione però: non è "il professore" che libera. Chi libera sono io tramite Cristo. Voglio dire: i laici non sono esorcisti. Gli esorcisti sono preti che operano per mandato conferito loro dalla Chiesa. I laici non hanno questo mandato. Non possono esorcizzare. È pericolosissimo se provano a farlo. Non possono nemmeno dialogare con il demonio durante un esorcismo fatto da un prete. Il demonio spesso prova a dialogare con loro. È un modo per attaccarli e insieme per distogliere l'attenzione dell'esorcista da sé.

Un giorno un demonio disse a una mia assistente che era appena tornata dall'ospedale dove suo figlio era stato operato per una grave malattia: «Ecco la Madonna dei dolori».

Lei gli rispose: «Non ho paura di te. Cristo vince».

E lui: «Madonna dei dolori, non ti è bastato quanto ho fatto a tuo figlio? Non ne hai abbastanza? Ne vuoi ancora?».

A quel punto sono intervenuto io. Ho intimato alla donna di non rispondere. E sono andato avanti con l'esorcismo.

I laici non possono esorcizzare e non possono parlare con il demonio. Il loro compito è di pregare e, solo coloro che l'esorcista sceglie oculatamente, di tenere fermo il posseduto quando dà in escandescenze. I laici possono fare preghiere di liberazione, queste sì.

Diverso poi è il compito che spesso assumono i medici. Anche loro possono essere utili. Ci sono alcuni medici, infatti, che lavorano in quella terra di nessuno che sono le manifestazioni preternaturali. A questi medici spesso chiedo un aiuto nel discernimento. Affinché mi aiutino a capire se certi casi sono davvero delle possessioni oppure soltanto delle malattie mentali.

Una di queste persone si chiama Walter Cascioli. È medico specialista in psicologia clinica a Roma. Alcuni casi li ho risolti grazie al suo aiuto.

Walter lavora su casi di sofferenza mentale particolarmente gravi. Applicando le proprie conoscenze scientifiche e il necessario discernimento spirituale, cerca di capire l'origine della malattia indirizzando all'esorcista i veri casi di possessione diabolica. A differenza di tanti suoi colleghi, riconosce che certe manifestazioni di sofferenza sono dovute a cause preternaturali, ovvero a qualcosa che non appartiene né a Dio né all'uomo. Appunto a Satana.

Molti casi sarebbero difficili da risolvere senza il suo aiuto. Perché spesso i sintomi che manifestano i posseduti sono esattamente gli stessi delle malattie mentali. La differenza sta nel fatto che sui posseduti le cure naturali, ovvero le cure fornite attraverso farmaci e terapie psichiatriche, non danno alcun effetto.

Quando Walter riceve i suoi pazienti per la prima volta, raccogliendo l'anamnesi, si sofferma soprattutto sulle modalità con le quali i sintomi si sono manifestati. Spesso li ascolta in silenzio. E mentre questi parlano recita dentro di sé una preghiera di liberazione. Sui posseduti capita che l'effetto sia immediato.

Un giorno entra nel suo studio un ragazzo con disturbi di vario tipo. Mentre il paziente sta parlando, Walter nella sua mente formula questa preghiera: «Signore Gesù libera questa persona». La reazione è immediata. Il giovane si alza dalla sedia. Il corpo si gonfia fino a divenire enorme. E in faccia a Walter emette un ruggito tremendo. Un ruggito di leone. Walter capisce che non si tratta di malattia psichica, ma di probabile possessione.

Walter fa parte di una comunità cattolica carismatica internazionale, laica, di diritto pontificio, la Comunità Gesù Risorto. Si tratta di una comunità che ha, come precipuo scopo, la preghiera e l'evangelizzazione e fa parte della grande famiglia del Rinnovamento Carismatico Cattolico, uno dei principali movimenti ecclesiali dei nostri tempi, sorto nel 1967 come dono dello Spirito Santo alla Chiesa, diffusosi ben presto in tutti i continenti. Milioni di battezzati hanno così riscoperto la propria fede, vivendola in pienezza e recuperando un rapporto vivo e diretto con la parola di Dio, con la liturgia, con i sacramenti. Nella Comunità Gesù Risorto, che ha come carisma fondante quello di vivere e annunciare la presenza di Cristo risorto in mezzo al suo popolo, si dà molta importanza alla preghiera di liberazione. A volte sono io che chiedo a Walter e alla sua comunità, nella quale mi sono recato più volte, preghiere di intercessione. Altre volte è lui che mi invia delle persone che hanno ricevuto dei malefici.

Sono pochi i medici che credono come lui nell'esistenza di Satana. Spesso sono scettici e deridono gli stessi esorcisti. Ma se poi vengono invitati a partecipare a un esorcismo il volto di questi medici da scettico si tramuta in una maschera di terrore.

Altra cosa dai medici sono i sensitivi. “Il professore”, come tanti altri sensitivi, ha dei doni soprannaturali ed è giusto che li eserciti. Come riconoscere se ci si trova davanti a dei sensitivi autentici?

L'umiltà è una caratteristica importantissima dei sensitivi dei quali ci si può fidare. L'umiltà e insieme la povertà e il nascondimento. Devono essere poveri, umili e nascosti per essere validi. Ce ne sono molti in Italia. C'è chi li ha chiamati "guaritori di campagna". Sono persone con doni speciali, umili. Spesso abitano fuori dalle grandi città. In posti dimenticati. Anche "il professore" rientra in questa categoria.

Ricordo, ad esempio, un sensitivo che ha il dono di guarire la gotta. È un dono che ha tutta la sua famiglia. Si dice che due millenni fa la sua famiglia ospitò in casa per un periodo san Pietro, il primo Papa. Quando san Pietro se ne andò lasciò ai componenti della famiglia e a tutti i loro futuri discendenti, come dono, questo particolare carisma.

Un giorno papa Pio IX si ammala. Ha la gotta. Chiamano dal Vaticano uno della famiglia. Questi visita Pio IX e lo guarisce. È una persona talmente umile e anche di poca cultura che quando è davanti al Papa ripete ciò che dice sempre a tutti: «Adesso l'ho guarita. Lei però non dimentichi mai di pregare per il Santo Padre, il successore di Pietro, che ha tanto bisogno di preghiere».

È una frase che nella sua famiglia si tramandano da secoli. E lui la ripete al Papa.

«Non mancherò» risponde il Papa sorridendo.

6

SAI BABA, IL FIGLIO PREDILETTO DI SATANA

Occorre fare molta attenzione. Accanto ai sensitivi buoni ci sono quelli cattivi. Come riconoscerli? Semplice. Chiedono sempre soldi. I soldi sono la prima tentazione del demonio. Perché coi soldi ci si può comprare tutto: sesso, droga, piacere e potere. La maggior parte dei sensitivi oggi sono dei falsi sensitivi dai quali si deve fuggire. Fanno patti col diavolo. E chiedono in continuazione soldi. Soldi, soldi e ancora soldi. Non sono mai sazi.

«Torni tra una settimana e porti altri soldi» dicono sempre.

Hanno la gente che fa la coda fuori casa. Vogliono pubblicità. Sono il contrario dei veri sensitivi che nascondono il proprio carisma. Lasciano che sia Dio a portare loro la gente. E dalla gente non vogliono soldi. Sanno che il denaro porta all'inferno. Così fuggono da esso.

«È più facile che un cammello passi per la cruna di un ago che un ricco entri nel regno dei cieli» disse Gesù. Non sono parole buttate lì a caso. Sono parole da prendere alla lettera. Il denaro corrode l'anima. Chi invece non ha nulla si affida solo alla provvidenza. A Dio. Prega Dio e da lui ottiene ciò di cui necessita. Dio favorisce i poveri. Se un sensitivo di Dio dovesse iniziare a ricercare il denaro, senz'altro Dio gli toglierebbe il carisma che gli ha precedentemente donato.

Spesso questi falsi sensitivi sono dei satanisti. Fanno messe nere. Radunano attorno a sé pochi adepti uniti da un forte legame di omertà. Si riuniscono in luoghi fuori mano. Sovente in case abbandonate. La loro riunione è una messa che segue una liturgia precisa. Una liturgia però capovolta. Non pregano Dio ma Satana. Le stanze sono dipinte di nero. Nero è il drappo che ricopre l'altare. In mezzo c'è un crocifisso rovesciato. Non manca mai una statua del diavolo con il fallo proteso. E spesso c'è anche un teschio. Vero. Non c'è luce. Ci sono solo poche candele che proiettano nella stanza ombre sinistre. I pochi adepti stanno in circolo, vestiti di nero. A volte coprono il proprio volto. Invocano Satana in latino. Chiedono a lui di venire. Di scendere tra loro.

La liturgia inverte volutamente quella cattolica. Spesso è presente una sacerdotessa, una donna giovane e vergine completamente nuda e distesa sull'altare. A volte si tratta di prede catturate. Donne innocenti. Drogate e costrette a subire quella macabra liturgia. Dissacrano le ostie con sputi. Poi introducono l'ostia nella vagina della donna. Bevono un miscuglio di sperma e secrezioni vaginali. Tutti possiedono a turno la donna. Gira droga e alcol. L'anima di tutti è regalata al demonio che può farne ciò che vuole in cambio dei godimenti della carne. Satana dà loro il piacere della carne. Loro danno a lui la loro anima. Per sempre. Chi ci guadagna? Non è difficile rispondere.

Spesso sensitivi e maghi sono la porta a questo genere di attività. Sono la porta per pratiche sataniche dalle quali poi è difficile fuggire. Difficilissimo. Oserei dire quasi impossibile, seppure a volte si riesca. Chi si affida loro è facile che successivamente entri in circoli satanici. Sono circoli omicidi. Infernali. Sono davvero la porta dell'inferno. La porta degli inferi. La porta del nulla eterno.

Non è un caso che una figura chiave nella storia del satanismo sia stato proprio un mago. Si chiamava Edward Alexander "Aleister" Crowley. Nacque nel 1875 e morì nel 1947. Era un mago inglese. Andava avanti sostenendosi con morfina e oppio. Manipolava la mente delle persone. Il suo alleato era Satana. Insieme hanno distrutto molte vite. Fu lui a scrivere le regole del satanismo.

Tra queste: «Fai ciò che vuoi, sarà la tua legge». E poi: «Non c'è altro Dio che l'uomo».

Nel 1920 si trasferì a Cefalù. Qui affittò una casa e fondò l'Abbazia di Thélema. La casa era in campagna. Al suo fianco c'era un cimitero. In quella casa Crowley cercò di accumulare energie magico-sataniche per conquistare il mondo intero e piegarlo sotto il proprio dominio. Da Cefalù un faro, una luce di malvagità, avrebbe conquistato il mondo assoggettandolo sotto di sé. A Cefalù Crowley visse con due concubine, l'americana Leah Faesi e Ninette Fraux che egli chiamava suor Cypris. Poi si aggiunsero altre donne. La casa era oggetto di diverse visite. In tutta la Sicilia si diffusero presto voci inquietanti su questa casa. Per molti Crowley era «l'uomo più perverso dell'universo», un «genio del male e del peccato». In effetti in quella casa si svolgevano strani riti. Orge sfrenate. Incesti. Messe nere in favore della "bestia dell'Apocalisse", il grande drago del mondo, Satana.

Dopo Crowley arrivò Anton LaVey. È uno pseudonimo che sta per Howard Stanton Levey. Morì nel 1997. Fu lui a fondare – tutte queste vicende le racconta molto bene tra gli altri l'esperto di cose sataniche Fabrizio Artale – insieme a un cineasta hollywoodiano, Kenneth Anger, l'associazione Magic Circle che nel 1966 divenne a San Francisco la Chiesa di Satana. Cercava adepti decisi a dedicare tutta la propria esistenza a Satana. A lui si unirono diverse star del rock.

I satanisti sono in tutto il mondo. Ma la maggior parte pare risiedano a Londra. Poi seguono Torino, San Francisco, Chicago e Roma. Perché? Perché il diavolo ha i suoi schemi e i suoi disegni da mettere in campo. Queste città sono legate da inquietanti geometrie esoteriche che richiamano il diavolo e l'occulto. Ma il centro del satanismo è Londra. Del resto Crowley è inglese ed è dunque logico che la capitale del Regno Unito sia il centro dove hanno maggiore presa questi gruppi demoniaci.

Ma questi gruppi sono ovunque. Come ovunque sono i loro capi, i maghi, i santoni. A loro Satana, è innegabile, dà poteri speciali che li fanno essere quasi come Dio. Quei poteri, quei doni, che un giorno diede a Marco il quale, per un periodo di tempo piuttosto lungo, si credette Dio.

Marco è uno dei tanti santoni coi quali ho avuto a che fare. Uno dei pochi, forse l'unico, che è tornato in sé, che è sfuggito alla morsa del demonio.

Marco ha tanti doni, tutti regalatigli da Satana. Perché Satana fa così, dà più poteri che può ai suoi devoti. Spesso fa credere loro che questi doni non arrivino da lui. Per non spaventarli. Ma sono loro, i suoi devoti, che mentono a se stessi. Hanno regalato la loro anima al diavolo e fingono di non sapere che ogni cosa che capita loro è da lui, dal demonio, che viene. Bugiardi come Satana, il grande menzognero, il re delle menzogne.

Marco stringe un patto di sangue col diavolo. Per più volte si mette in contatto con lui tramite il cosiddetto "gioco del bicchiere". Satana parla con lui. Inizialmente gli manda messaggi di pace e fratellanza. È chiaro: non lo vuole spaventare. Al contrario intende offrirgli un'immagine di sé bonaria.

Passano i giorni. Marco si reca in pellegrinaggio a Lourdes. Ma la sua anima è tutta nelle mani del demonio. Ci va forse per sfida: «Vediamo cosa succede a un servo di Satana in un luogo santo come questo?» si domanda. Satana decide di rifarsi vivo proprio a Lourdes. È in uno dei santuari mariani più importanti del mondo che Marco scopre di avere doni extrasensoriali. È Satana che glieli dà. È Satana che astutamente sceglie Lourdes per darglieli.

Marco diviene chiaroveggente, legge nel pensiero della gente, sa fare diagnosi cliniche, ricorda il passato di persone che non conosce. Prevede il loro futuro.

Alcune persone cominciano a seguirlo, a interrogarlo, ad affidarsi a lui. Dopo un po' di tempo Satana torna a farsi vivo. E regala a Marco un'altra straordinaria facoltà: con l'imposizione delle mani è in grado di annullare il dolore fisico. Qualsiasi dolore fisico.

Marco ha un seguito di gente notevole. Ma diviene un uomo irascibile, sempre cattivo e incattivito. Ben presto inizia a trattare male la gente che guarisce. La insulta. Lavora per portarla come lui alla perdizione. Lavora per distruggere le loro esistenze, i loro affetti.

La salvezza per Marco arriva quando un gruppo di cattolici sente parlare di lui. Lo conosce e inizia a pregare per lui. Queste persone pregano e riescono a mostrargli l'origine diabolica delle sue nuove facoltà. Grazie alla preghiera di questa gente Marco inizia un percorso per liberarsi da Satana. E ce la fa. Appena rompe il patto di sangue stipulato col demonio cessano anche tutti i suoi poteri. Marco torna un uomo come tanti. Meno potente di prima, certo, ma libero. Non più schiavo del principe del male. Ma libero perché figlio di Dio.

Marco riesce a liberarsi. Come lui anche Anita. Una donna della provincia di Roma che diviene libera dopo aver venduto la propria anima a un santone. Non si tratta di un santone qualsiasi, ma di colui che io dico essere stato (è morto da poco) il figlio prediletto di Satana.

Anita è una giovane donna della provincia romana, sposata, ha un figlio piccolo. Conduce una vita normale. Si sposa che è appena maggiorenne e subito ha un bambino. Lavora in un ospedale come infermiera. Spesso fa i turni in ambulanza. Quotidianamente, dunque, ha a che fare con il dolore della gente.

Un giorno suo papà si ammala. Gli viene diagnosticato un cancro in fase avanzata. Gli esami radiografici sono impietosi. Il corpo è pieno di metastasi. Le speranze di guarigione sono praticamente nulle.

Anita porta suo papà da un pranoterapeuta.

«Suo padre è senza speranza, signora» le dice.

«Lo so» risponde Anita. «Cosa posso fare?»

«C'è poco da fare. Forse l'unica speranza è portarlo da Sai Baba.»

«Da chi?»

«Da Sai Baba. È un guaritore fenomenale. Vive in India, a Puttaparthi. Forse se riesce a portarci suo padre riuscirà a salvarlo. Ha migliaia di seguaci. Ci provi.»

Anita si fida di questo pranoterapeuta. È disperata, suo padre sta morendo. E pensa che Sai Baba possa aiutarla.

Prende l'aereo insieme a suo padre e vola in India.

Siamo nei primi anni Novanta. I due atterrano e si dirigono verso la casa di Sai Baba. Il santone riceve soltanto in determinate ore. O meglio, più che ricevere appare. Già, perché centinaia di persone ogni giorno si accalcano in una specie di grande "chiostro" adiacente la casa di Sai Baba. E questi quando ogni tanto esce di casa per farsi vedere sembra un'apparizione. Non cammina ma sembra volare qualche centimetro da terra. Qui, a caso, sceglie alcune persone. Sono queste persone che, successivamente, hanno il "privilegio" di poter entrare nei suoi appartamenti e parlare con lui.

Anita è titubante. Non sa se fidarsi. Ma un giorno fuori dalla casa di Sai Baba vede una persona che attira la sua attenzione. È un prete cattolico. Le ispira fiducia e si avvicina. Con grande stupore scopre che è italiano.

«Salve padre, mi chiamo Anita, vengo dalla provincia di Roma. Posso disturbarla un minuto?»

«Certo signora, mi dica.»

«Come si chiama?»

«Don Marco.»

«Senta padre, mio papà è ammalato. Io vorrei vedere Sai Baba ma non so se posso fidarmi di lui. Non lo conosco...»

«Ma signora mia, certo che può fidarsi! Lei sa chi è Sai Baba?»

«Non bene... Mi dicono sia una persona che guarisce...»

«Signora, ascolti bene ciò che sto per dirle. Sai Baba è Gesù sceso sulla terra.»

«Davvero?»

«Se glielo dico io che sono un prete cattolico si può fidare.»

Anita è senza parole. Ha una fede acerba. È poco istruita di cose religiose e sentirsi dire da un prete che Sai Baba è Gesù sceso sulla terra l'aiuta a farsi forza. E ad andare nel "chiostro" nella speranza che Sai Baba la riceva.

Anita non può sapere che don Marco è un prete particolare. È tenuto d'occhio da tempo dalle gerarchie vaticane per le sue posizioni eretiche. Don Marco è affascinato dalla figura di Sai Baba tanto che è diventato uno dei suoi seguaci. Come? Così. Un giorno don Marco riesce a incontrare Sai Baba. Questi gli chiede: «Che cosa vuoi?». Don Marco risponde: «Voglio pensare a Dio ventiquattr'ore su ventiquattro». Così Sai Baba prende un anello. Vi soffia sopra e l'anello di colpo cambia forma. Don Marco è stupito. Pensa alla Bibbia dove si dice che Dio creò il mondo e la vita con il soffio. E decide di prendere l'anello in segno della nuova amicizia con Sai Baba. In segno di un patto d'amicizia. Sai Baba mette l'anello al dito di don Marco che sente questo anello chiudersi attorno al suo dito in modo così forte che da quel momento non può più toglierlo. Per parecchio tempo don Marco si sente sicuro all'interno di una protezione metallica. Si sente custodito da quell'anello che lo avvolge e lo custodisce. Si sente al sicuro, come se non avesse più nulla da temere. Cosa è successo? È successo che da quel giorno don Marco ha abbandonato Dio e ha regalato la sua anima e il suo corpo a Sai Baba. E, dunque, a Satana.

Anita entra con suo papà nel grande "chiostro". Centinaia di persone sono inginocchiate in attesa che lui arrivi. Entrano degli elefanti. Dei seguaci di Sai Baba li precedono e li seguono suonando e cantando motivi indiani. Dopo parecchio tempo una porta si apre in fondo al "chiostro". Un uomo basso di statura, alto non più di un metro e cinquanta, magro, con dei folti capelli neri molto ricci simili più a quelli di un africano che di un indiano, esce dalla porta indossando una lunga tonaca arancione. Sembra che voli. Percorre il "chiostro" nel silenzio generale. Ogni tanto indica con la mano alcune persone: «Tu, tu e tu».

È lui. È Sai Baba.

Anita lo guarda. È estasiata ma non sa dire perché. Sai Baba si avvicina alla zona in cui Anita è inginocchiata con suo papà. Sai Baba li nota e li indica. Sono stati scelti. È incredibile. La prima volta che entrano nel "chiostro" vengono scelti. Si sentono fortunati: c'è gente che passa mesi nel "chiostro" prima di essere scelta.

Anita non sa cosa aspettarsi. Nella sua mente riecheggiano le parole di don Marco: "Sai chi è Sai Baba? È Gesù sceso sulla terra. È Gesù sceso sulla terra".

Sai Baba non torna subito nel suo appartamento. Resta ancora tra i suoi, nel "chiostro". Sale su una grande altalena e si fa dondolare per ore. La gente lo guarda e lo venera. E lui, come fosse Dio, non fa nulla, eccetto che lasciarsi venerare.

Dopo parecchio tempo Sai Baba rientra nei suoi appartamenti. Anita, assieme a suo padre, lo segue. Sai Baba chiede loro di avvicinarsi. Li guarda. Fa ruotare vorticosamente la mano destra. Materializza delle polveri che subito offre a entrambi. Chiede loro di mangiarle. I due obbediscono. Anita è come stregata. Si butta ai piedi di Sai Baba e gli dice: «Io ti appartengo. Il mio corpo e la mia anima ti appartengono per l'eternità. Sono tuoi per sempre».

Sai Baba sorride e si sposta in un'altra stanza.

Anita viene fatta uscire. Resta nei pressi del "chiostro" assieme a suo padre per un mese. Suo padre inizialmente sta meglio. Anita pensa che stia guarendo. I due tornano in Italia, a Roma, dove il papà di Anita invece di migliorare inizia a peggiorare vistosamente e in poco tempo muore. Anita è distrutta ma continua a seguire colui al quale ha regalato la propria anima. A Roma trova diversi seguaci di Sai Baba. Scopre che ve ne sono molti soprattutto nel campo medico. Gente come lei costretta a vivere tutto il giorno a stretto contatto con la malattia e il dolore. Sai Baba è un miraggio di una vita nuova, è il miraggio, o meglio sarebbe dire l'illusione, della fine del dolore, della morte. «È Dio» si dicono. «È Dio e ci salverà.»

Il figlio di Anita è cresciuto. Sa che sua madre è devota di Sai Baba e la cosa lo infastidisce. Non sa perché, ma non gli piacciono le foto di quell'uomo presenti in casa, non gli piacciono gli altarini che Anita ha fatto costruire in casa in onore di Sai Baba. Non sa nulla nemmeno lui di Sai Baba ma istintivamente sente che di lui occorre diffidare. È il figlio di Anita che, un giorno, la costringe a incontrare un gruppo di carismatici suoi amici. Anita accetta e si reca in una parrocchia dove questo gruppo si ritrova. Entra in chiesa e trova il gruppo in preghiera. Appena Anita sente queste persone pregare reagisce in modo furente. Esce dalla chiesa e urla a suo figlio: «Sono indemoniati! Sono indemoniati! Non voglio più avere nulla a che fare con loro!».

Suo figlio è un ragazzo intelligente. Non le risponde nulla e la porta via. Salvo poi, qualche tempo dopo, portarla in un'altra parrocchia a conoscere due persone. Sono marito e moglie. Due coniugi semplici che da tempo animano in questa parrocchia un gruppo di preghiera. Anita sente tanto amore intorno a sé e decide, con una forza di volontà non da poco, di farsi aiutare. Dentro di sé è sdoppiata. C'è lei, Anita, ma sente che c'è anche qualcun altro. Sente, capisce che dentro di sé ha qualcosa di malvagio. La parte sana della sua anima la porta a fidarsi di questi due coniugi e del gruppo di preghiera da loro animato. La parte cattiva no. Ma per un motivo misterioso e che lei stessa comprenderà soltanto anni dopo è la parte buona ad avere il sopravvento. Anita decide di farsi aiutare.

I problemi non mancano. Quando Anita inizia a pregare con queste persone sente crescere dentro di sé una forte avversione, un grande odio. È lui, è lo spirito malvagio che la possiede, a farsi sentire, a picchiare dentro la sua mente cose indicibili. Tanto che Anita non riesce a terminare le preghiere. I due coniugi non sanno che fare per aiutarla. Resta loro un'unica soluzione. Chiamare me.

Così un giorno vado nella parrocchia dei due coniugi. Entro in chiesa e vedo in fondo, seduta su una panca, una donna magra e coi capelli neri che mi guarda. È Anita. Capisco immediatamente che qualcosa non va. Anita, infatti, si alza e scappa. E mentre scappa urla: «Aiuto! Aiuto! C'è un mostro! C'è un mostro!». Mi dirà poi che quella volta, la prima volta che ci siamo incontrati, mi vide effettivamente come un mostro. Non avevo occhi. Il mio volto era deformato. Ai suoi occhi ero un qualcosa di terribile e malvagio.

Con molta fatica Anita accetta d'essere esorcizzata da me.

Gli esorcismi durano anni. Capisco nel corso degli esorcismi che Sai Baba è un santone legato a stretto giro con Satana.

Per me è il figlio prediletto di Satana in terra.

È il figlio prediletto come ce ne sono stati pochi altri nel mondo. Fa magie, finti miracoli che non portano a nulla. E fa sue migliaia di persone. Persone che porta alla perdizione. Che poi lascia sole. Perse nella loro disperazione. La gente abbocca perché non è da tutti riuscire a materializzare oggetti dal nulla. Non è da tutti riuscire a camminare qualche centimetro da terra. Riuscire a compiere qualche gesto strabiliante e inspiegabile apparentemente. Non è da tutti ma coloro che divengono figli di Satana queste cose le sanno fare.

Sai Baba è nato il 23 novembre 1926 ed è morto nell'aprile del 2011. Diceva d'essere un Avatar, ossia un'incarnazione divina in terra sotto spoglie umane. Affermava di sapere chi fosse stato nella precedente incarnazione, un santo venerato da moltissimi devoti di nome Shirdi Sai e che era morto otto anni prima che lui nascesse. Così affermava di sapere chi sarebbe stato dopo la sua morte che disse (ma poi le cose non andranno così) sarebbe avvenuta all'età di novantasei anni. Disse che otto anni dopo la sua morte si sarebbe incarnato in Prema Sai. Prema, ovvero amore divino assoluto, il quale assomiglierà notevolmente a Gesù Cristo. Fu il maestro e rivoluzionario Sri Aurobindo il 24 novembre 1926, il giorno dopo la nascita di Sai Baba, a dire che sentì scendere in terra un'entità divina incarnata per aiutare l'ascesa dell'uomo. Aurobindo si chiuse in una stanza per il resto della sua vita, in tutto venticinque anni. Non volle più vedere nessuno perché, disse, Sai Baba è nato con tutti i poteri: l'onnipresenza, l'onnipotenza e l'onniscienza. Sai Baba predicò la non violenza, la verità e l'amore. I suoi seguaci pensano ancora oggi che egli sia una potenza divina. Nel mondo ci sono migliaia di luoghi di devozione in suo onore. Sai Baba si contornava di gente che più passava il tempo della convivenza con lui più era disturbata, evidentemente posseduta. Tutti speravano di essere guariti da lui ma nessuno venne guarito davvero.

Sai Baba fu il figlio primogenito di Satana, non ho dubbi in proposito. Parlava bene di tutti, di Gesù in particolare, ma il Dio era uno: lui e soltanto lui. Questo pensava di sé. Aiutava con cospicue donazioni gli ospedali dei villaggi indiani, apparentemente faceva del bene perché il diavolo è furbissimo. Tanti turisti italiani, donne in special modo, sono caduti nella sua rete.

Liberare Anita è stata dura.

«Sputa, sputa tutto» le dicevo durante gli esorcismi. «Devi sputare tutta la polvere altrimenti non ti libererai mai.»

Ci ha messo anni a sputare quella poca polvere che aveva ingoiato in India. Ci ha messo anni ma poi si è liberata. Sono stato io a dirle per quale motivo è riuscita a liberarsi. Perché la parte buona della sua anima ha prevalso su quella cattiva. E perché ha prevalso? Per un motivo molto semplice del quale la stessa Anita era ignara. Appena nata Anita venne visitata in ospedale dalle dame di San Vincenzo, delle suore che tra la altre cose aiutavano le famiglie in difficoltà. Queste suore la consacrarono alla Madonna con una preghiera semplice e agile.

«Sai cosa ti ha salvato da Sai Baba e dalla distruzione eterna di Satana, cara Anita?» le ho detto il giorno dell'ultimo esorcismo.

«No padre, me lo dica lei.»

«Ti ha salvata la Madonna alla quale le dame di San Vincenzo, a tua insaputa, ti consacrarono quando eri ancora neonata.»

Ovviamente nel mondo il satanismo non si diffonde soltanto tramite le sette o gruppi come quello dei seguaci di Sai Baba. Ci sono anche altre modalità grazie alle quali si diffonde. Una di queste è il rock satanico. Qui non voglio essere strumentalizzato. Non voglio assolutamente dire che tutto il rock sia perverso e porti a Satana. Non è così. Lo nego nel modo più assoluto. Ma esiste il rock satanico ed è a questo tipo di musica che penso quando parlo di altre forme di diffusione del satanismo oltre le sette. Il rock satanico cosa fa? Predica il nichilismo più assoluto, combatte la religione cattolica e qualsiasi ordine sociale. Insegna che tutto è permesso e che l'individuo è Dio. Porta a odiare la Chiesa. Il rock satanico ha un nemico conclamato, Cristo e la Chiesa. E un solo obiettivo, quello di portare l'uomo alla dedizione a Satana e dunque all'autodistruzione.

Molta gioventù, grazie a questo tipo di musica e alle amicizie che si instaurano tra chi ascolta questo tipo di musica, precipita spesso dentro le tenebre, l'occulto.

Penso a Marilyn Manson, il cantante e artista statunitense completamente schiavo del diavolo. Talmente schiavo da dichiarare: «Il diavolo non esiste, il satanismo è il culto di se stessi». Davvero? Solo Satana può far dire a un suo adepto scempiaggini di questo genere. Manson è uno schiavo, un figlio del diavolo il quale esiste e lo manipola. È un uomo senza fede. Vorrei mettere sul chi va là tutti i genitori. E dire loro: «Se i vostri figli ascoltano musica satanica state attenti. Salvateli per non doverli piangere morti. Sì, proprio così, per non doverli piangere morti». Quando dico queste cose c'è chi ride. Sulla stampa spesso vengo preso in giro per queste mie "uscite". Vorrei dire a chi ride: andate a parlare coi genitori di ragazzi che oggi non ci sono più perché catturati dal vortice del satanismo. Andate. Ridetegli in faccia se avete coraggio. Ripeto. Vorrei dire ai genitori che hanno figli che ascoltano musica satanica: salvateli accompagnandoli fin dall'adolescenza. Educateli alla fede. Portateli in chiesa anche da piccoli. Anche se piangono e corrono per tutta la chiesa. Voi portateli. È per osmosi che si educa alla fede.

Volete un esempio di come il rock satanico porta alla morte? Vi racconto una vicenda avvenuta in Italia. È l'omicidio di suor Maria Laura Mainetti a opera di tre minorenni di Chiavenna, un paesino in provincia di Sondrio, nel giugno del 2000.

È sera. Verso le ore 22 suor Maria Laura lascia il convento di Chiavenna dove abita. Una ragazza di diciassette anni, Ambra Gianasso, l'ha chiamata chiedendole aiuto. Dice di essere stata violentata e di essere rimasta incinta. È una scusa per poter incontrare la religiosa in un luogo isolato, il parco delle Marmitte dei Giganti, frequentato di sera da tossicomani e prostitute, e poterla così offrire, insieme alle amiche Veronica Pietrobelli e Milena De Giambattista, come sacrificio a Satana. Secondo quanto confessano poi le ragazze, la vittima inizialmente designata sarebbe stato il parroco del paese, poi però viene scartato perché di corporatura troppo robusta. Le tre ragazze accompagnano la religiosa lungo un viottolo poco illuminato, la colpiscono con una mattonella e poi la uccidono con diciannove coltellate. Quando confessano le tre giovani dicono che la suora ormai inginocchiata al suolo chiede a Dio di perdonarle.

I mass media hanno posto l'accento sull'interesse delle ragazze per l'esoterismo e per Marilyn Manson. Che ruolo può aver avuto questa passione musicale nel gesto delle tre ragazze? Certo, non posso dire che la causa che ha scatenato l'omicidio sia stata una canzone di Manson o addirittura Manson stesso. Ma una cosa va detta. La musica satanica è uno dei principali veicoli di diffusione del satanismo tra i giovani. I messaggi della musica satanica riescono senz'altro a influenzare la mente e il cuore dei giovani. Attraverso un certo tipo di musica i giovani hanno la possibilità di avvicinarsi ad argomenti nuovi. Sconosciuti. Frontiere del male prima inesplorate.

Oggi c'è una moltiplicazione di cantanti rock che si ispirano al diavolo. È una porta spalancata verso mondi pericolosi. Le parole di Manson già citate – «Il diavolo non esiste, il satanismo è il culto di se stessi». E poi: «Satanismo non significa adorare il diavolo. Significa che l'uomo dev'essere il proprio Dio sulla terra» – non sono altro che i non-valori che un certa musica sta portando ai giovani. È come un lavaggio del cervello che porta verso il nulla, l'abominio, la furia omicida, l'autodistruzione. Il messaggio negativo proposto da un disco è un seme pericoloso gettato nell'anima dei giovani. Anime pure e facilmente contaminabili. Negli ultimi anni il rock satanico è divenuto una moda che si esprime attraverso le correnti musicali più estreme. Le copertine dei dischi sono piene di immagini blasfeme, e i testi incitano all'odio e alla violenza nei confronti dei cristiani.

Molti di questi cantanti sono legati a stretto giro alle sette sataniche. Guardiamo agli Stati Uniti. Guardiamo ai cantanti King Diamond e Acheron. Collaborano con la Chiesa di Satana che si propone come una religione alternativa, perfettamente legale, con tanto di Bibbia e comandamenti. Questa collaborazione non significa nulla? Anche Marilyn Manson, anni fa, ha incontrato Anton LaVey, il fondatore della Chiesa di Satana americana, ed è stato ordinato sacerdote. Blanche Barton, un esponente di questa setta, ha dichiarato: «Abbiamo ricevuto molte domande da parte di ragazzi che hanno iniziato a interessarsi al satanismo grazie alla musica e all'atteggiamento di Marilyn Manson».

Andate a comperare la rivista «Flash», dedicata alla musica heavy metal e hard rock. Ha pubblicizzato in un suo articolo la Chiesa di Satana americana, descrivendola come «l'associazione più seria ed affidabile a cui si possano rivolgere gli amanti e i cultori delle teorie occulte». Quindi ha scritto: «Se pensate che vi possa aiutare la conoscenza del satanismo, e se volete far parte di quella grande palestra del pensiero che è la filosofia satanica, la Chiesa di Satana vi aspetta». Benissimo. Liberi di scrivere ciò che vogliono. Ma, mi domando, sanno ciò che scrivono? Sanno che conseguenze possono avere le parole che scrivono? Sanno cosa significa proporre a un ragazzo certe cose?

Nel 1996 un giovane di La Spezia, in Italia, profanava di notte i cimiteri. È stato fermato dalla polizia e, pentito, ha dichiarato: «Mi dispiace. Mi sono lasciato trascinare dalla musica black metal, che seguo da più di dieci anni. In particolare i testi di alcuni gruppi norvegesi e svedesi, tra cui i Mayhem, i Darkthrone e i Marduk. Mi hanno condizionato a tal punto che ripetevo come un automa quello che loro raccontavano nelle canzoni. Quella musica, che ascoltavo anche dieci ore al giorno, mi prendeva a tal punto che non mi rendevo conto della gravità dei miei gesti». Ha poi detto Daniele Murgia, ispettore della questura di La Spezia, che seguì l'operazione: «Il filo conduttore che legava queste persone nel loro culto del male era la musica black metal. I loro contatti avvenivano sia a livello epistolare, sia ai concerti di rock satanico».

Oltre al rock satanico ci sono anche tante immagini che deturpano l'anima soprattutto dei più piccoli. Ad esempio ci sono tanti fumetti che inneggiano a Satana. Anche quelli lasciano un segno, una ferita nell'anima. E poi la tv. Non sempre le immagini aiutano. Anzi spesso inculcano nei più piccoli l'idea che si è felici nella vita solo grazie ai soldi, al sesso e al potere. Soldi, sesso, potere: i tre idoli cari a Satana.

E poi c'è internet. Mi è capitato di cliccare su internet in un motore di ricerca la parola Satana. Esce un'istruzione completa su come seguire Satana, su come entrare in una setta satanica, su come disperdere nel nulla la propria vita.

Qui sta il punto. Internet ha reso più accessibili che in passato le informazioni sul satanismo. Con un semplice click si possono trovare sette sataniche e ci si può mettere in contatto con loro. Il rischio è particolarmente alto per i giovani in difficoltà o che sono emotivamente fragili. Se un adolescente che si trova a vivere una situazione di disagio va su internet per cercare risposte e aiuto ai propri disagi, può incappare con estrema facilità in queste sette. Per lui può essere l'inizio della fine. È pieno di gente che, anche per semplice curiosità, accede a filmati che sarebbe meglio non venissero mai guardati. Vi accede e Satana agisce. Basta poco. Satana anche con un semplice filmato può mettere nel cuore di una persona un seme cattivo. Non si può generalizzare ma può essere davvero l'inizio della fine. L'inizio di un vortice che porta sempre più giù. Satana a volte entra nella vita della gente in modo discreto, in modo quasi intangibile. Ma poi, poco alla volta, conquista terreno, fino alla conquista totale dell'anima. Più terreno conquista più è difficile sfuggirgli. Il web non è il male assoluto. Ma nel web, purtroppo, il male assoluto è presente. E agisce. E c'è chi si lascia adescare.

Cos'è internet? In larga parte un mondo senza Dio.

E in un mondo senza Dio chi è il re? Satana. Non a caso è soprattutto dove non c'è Dio che Satana ha mano libera. Come in parte del mondo di internet così anche in parte del mondo reale. Dove Dio non c'è, regna il demonio. Regna e possiede la gente. Tra questa gente sono tantissimi i posseduti non battezzati. Sono tanti i fedeli posseduti appartenenti alle più diverse religioni: ebrei, musulmani, induisti ma anche protestanti e ortodossi, oltre ovviamente a coloro che non credono in nulla, che non hanno alcuna fede.

Molti di questi fedeli vengono da me.

Alì, trentaquattro anni, di fede induista, è uno di questi.

«Padre, mi aiuti.»

«Perché vuole essere aiutato?»

«Padre, sono posseduto. Lo sento dentro di me.»
«Cosa sente?»
«Qualcosa di malefico.»
«Lei crede?»
«Io sono induista.»
«Lei ha mai sentito parlare di Gesù Cristo?»
«Sì, ma non so molto di lui.»

«Non mi interessa che lei sappia tutto di lui. Se Dio vorrà un giorno anche lei potrà incontrare suo figlio, Gesù Cristo. Ma magari no. Ciò che mi interessa è un'altra cosa. Ed è che lei sappia che, se davvero è posseduto, gli esorcismi che farò su di lei li farò nel nome di Gesù Cristo. È lui che libera, non sono io. Io sono solo un tramite. Lui fa tutto.»

«Io non credo in Cristo, io...»

«Non le sto chiedendo di credere in Gesù Cristo. Le sto soltanto chiedendo di sapere. Di sapere che è Cristo che la libera, se alla liberazione mai arriveremo.»

Di colloqui come questo con Alì me ne capitano tantissimi. Sempre più ricevo gente che non è cattolica. Non chiedo la conversione di nessuno. La conversione è un dono di Dio. Chiedo solo che si sappia chi è colui che libera. Chi libera si chiama Gesù Cristo. Io libero nel nome di Cristo.

Insieme, chiedo che si sappia chi è colui dal quale si viene liberati, Satana, l'angelo più bello del cielo che in un tempo senza tempo si ribellò a Dio e venne precipitato per sempre nell'inferno.

Chiedo che si creda a queste due verità. Molti mi ascoltano. Altri no. Del resto non c'è da stupirsi più di tanto: anche nella Chiesa cattolica in pochi credono all'esistenza di Satana. Molti di questi, mi duole dirlo, sono anche vescovi e cardinali. Con un cardinale, in particolare, ho avuto un tête-à-tête che difficilmente riuscirò a scordare. Pensavo di trovare certezze. Ho trovato tutt'altro.

7
UN GIORNO UN CARDINALE MI DISSE: «LO SAPPIAMO ENTRAMBI CHE SATANA NON ESISTE»

«Buon giorno eminenza, sono padre Gabriele Amorth. Sono un sacerdote paolino. Abito a Roma. Sono anche l'esorcista ufficiale della...»

«So chi è lei. Ho sentito parlare di lei. Mi dica. Cosa vuole?»

«Avrei bisogno di incontrarla.»

«Per quale motivo?»

«Be', vede, ho messo insieme un'associazione di esorcisti. Ci riuniamo a Roma per confrontarci e aiutarci. Sa, nel mondo siamo talmente pochi.»

«Senta. Adesso non ho tempo. Se vuole può venire a casa mia domani. Così mi dice quello che vuole. Saluti.»

Il cardinale chiude la telefonata piuttosto bruscamente. O almeno a me così pare. Qualcosa mi dice che non gli sto simpatico. Ne intuisco il motivo. Ma voglio incontrarlo lo stesso.

Il giorno dopo mi faccio annunciare in casa sua all'orario stabilito.

Un pretino ossequioso entra in una stanza in fondo a un corridoio. Esce pochi istanti dopo senza guardarmi. Viene verso di me. Entra in un'altra stanza senza dirmi nulla.

«Avanti!» urla una voce roca che intuisco provenire dalla stanza in fondo al corridoio.

Entro.

Sua eminenza è seduto su una poltrona. Davanti a sé ha un televisore acceso. In mano il telecomando. Mi fa cenno di sedermi su una poltrona a fianco della tv. Quindi, una volta sedutomi, spegne la tv.

«Lei voleva vedermi. Dunque eccomi qua. Mi dica.»

«Ecco, eminenza. Ci tenevo a informarla del fatto che, in qualità di esorcista della diocesi di Roma, ho pensato di convocare un piccolo raduno di esorcisti. Siamo in pochi nel mondo e in pochissimi in Italia. Ho pensato che vederci ci avrebbe aiutato. È un "mestiere" difficile. Così sono venuto qui soltanto per informarla di questa iniziativa.»

«Ma deve informare Ruini (il cardinale Camillo Ruini è, nel momento in cui avviene questo colloquio, ancora il vescovo vicario per la diocesi di Roma, il successore del cardinale Ugo Poletti, N.d.R.), non me. Io dirigo un ufficio vaticano che sulla carta potrebbe avere competenza in materia ma soltanto sulla carta. Chi deve essere informato è Ruini.»

«Eminenza, Ruini è già informato. Gli ho scritto personalmente. Mi sembrava buona cosa avvisare anche lei...»

«Sì, sì, per carità. Ha fatto bene. Ma tanto questa storia del diavolo...»

«Come scusi?»

«Sto dicendo... Lei fa l'esorcista, ma lo sappiamo entrambi che Satana non esiste, no?»

«Come sarebbe a dire "sappiamo che non esiste".»

«Padre Amorth. Per favore. Lei lo sa meglio di me che è tutta superstizione. Non mi vorrà mica far credere che lei ci crede davvero?»

«Eminenza, mi stupisce sentire queste parole da una personalità così importante come lei.»

«La stupisce? Ma come? Non mi dica che lei davvero ci crede!»

«Io credo che Satana esiste.»

«Davvero? Io no. E spero che nessuno ci creda. Diffondere certe paure non è buona cosa...»

«Be', eminenza, non deve dirlo a me. Anzi, se posso le suggerirei una cosa.»

«Mi dica pure.»

«Lei dovrebbe leggere un libro che forse può aiutarla.»

«Ah sì? Quale libro, padre Amorth?»

«Lei dovrebbe leggere il Vangelo.»

Un silenzio glaciale cala nella stanza. Il cardinale mi guarda serio senza rispondere. Così lo incalzo.

«Eminenza, è il Vangelo che parla del demonio. È il Vangelo che racconta di Gesù che scaccia i diavoli. Non solo, è il Vangelo che dice che tra i poteri che Gesù ha dato agli apostoli c'è quello di scacciare i demoni. Cosa vuole fare, buttare a mare il Vangelo?»

«No, ma io...»

«Eminenza, voglio essere franco con lei. La Chiesa commette un grave peccato a non parlare più del demonio. Le conseguenze di questo atteggiamento sono gravissime. Cristo è venuto e ha combattuto la sua battaglia. Contro chi? Contro Satana. E l'ha vinto. Ma lui è ancora libero di tentare il mondo. Oggi. Adesso. E lei cosa fa? Mi dice che sono solo superstizioni? Anche il Vangelo allora è solo superstizione? Ma come può la Chiesa spiegare il male senza parlare del demonio?»

«Padre Amorth, Gesù scaccia i demoni è vero. Ma è solo un modo di dire per mettere in evidenza la potenza di Cristo! Il Vangelo è un'espressione continua di parabole. Sono tutte parabole. Gesù ha sempre insegnato per parabole.»

«Ma eminenza, quando Gesù vuole usare una parabola lo dice chiaramente. Il Vangelo dice: "Gesù riferì loro questa parabola". Mentre il Vangelo distingue nettamente fatti storici realmente accaduti, le guarigioni, gli insegnamenti, i rimproveri, gli esorcismi distinguendo questi ultimi dalle guarigioni. Quando Gesù scaccia i demoni non si tratta di una parabola, ma di una realtà. Non ha combattuto un fantasma, ma una realtà, altrimenti si sarebbe trattato di una farsa. Tanti santi hanno combattuto col demonio, tanti santi sono stati tentati dal demonio, pensi ad esempio alle esperienze dei padri del deserto, tanti santi hanno operato esorcismi. Allora sarebbero stati tutti falsi, tutti nevrotici? Come si fa a non credere all'esistenza di Satana?»

«Va bene, ma anche ammesso che fossero fatti reali, anche ammesso che Gesù davvero ha scacciato i demoni, resta il fatto che Gesù, con la sua risurrezione, ha vinto tutto, e quindi ha vinto anche il demonio.»

«Sì, è vero, ha vinto tutto. Ma questa vittoria si deve applicare e deve essere incarnata nella vita di ognuno di noi. Cristo ha vinto ma la sua vittoria per noi deve essere riaffermata giorno dopo giorno. La nostra condizione di uomini ce lo impone. L'azione del demonio non è stata completamente annullata. Il demonio non è stato distrutto. Il Vangelo dice che il demonio esiste e che ha tentato persino Cristo. Gesù ha dato le armi, le ha date anche a noi, per vincerlo. Il demonio può ancora tentarci, tutti possiamo essere tentati, come dimostra la preghiera contro il maligno che Gesù stesso ci ha insegnato, nel *Padre nostro*. Fino al Vaticano II al termine della messa si diceva la preghiera a san Michele Arcangelo, il piccolo esorcismo composto da papa Leone XIII e si leggeva il Prologo del Vangelo di san Giovanni proprio in chiave liberatoria.»

Sua Eminenza non sa più che dire. Non parla e non reagisce. Mi alzo, saluto e me ne vado. E penso: fino a qui siamo arrivati? E sì che sino a prima del Medioevo gli esorcisti esistevano ovunque. Poi, purtroppo, qualcosa è cambiato.

Il primo millennio pullula di grandi padri della Chiesa che parlano del diavolo. Lottano con lui. Lo vedono. Per questo ne parlano. Le loro sono testimonianze uniche. Tra le più suggestive e forti quelle dei monaci del deserto. Le loro battaglie contro Satana hanno un che di epico.

In Occidente è forte la tendenza, in parte dovuta al diritto romano, di voler regolarizzare tutto. Già alla fine del II secolo sant'Ireneo parla con ammirazione degli esorcisti come di un ceto a parte, benché tutti vi potessero appartenere. A Roma, papa Cornelio, in una sua lettera del 251 è il primo a parlare degli esorcisti come di aventi un ufficio sacro. Penso che si possa considerare conclusa questa istituzione del sacramentale dell'esorcistato con l'anno 416, quando papa Innocenzo I stabilisce che gli esorcismi possano essere amministrati solo dietro autorizzazione vescovile. Questa è la disciplina tuttora vigente (con la precisazione che il vescovo può dare la facoltà d'esorcista solo a sacerdoti).

Prima del 416 occorre ricordare il 313. È in quest'anno che l'editto di Costantino fa del cristianesimo la religione di stato. La Chiesa in seguito all'editto corre un forte rischio di secolarizzarsi. Cioè, corre il rischio di vedere i propri credenti adeguarsi ai princìpi del mondo. Tutto questo potrebbe avere conseguenze nefaste come la decadenza dell'impegno evangelico e l'impoverimento dei valori della tradizione cristiana.

Nasce da qui l'esigenza di cercare nuove strade per vivere il Vangelo in modo più conforme ai suoi dettami. Ecco il monachesimo: fuga dal mondo, concentrazione in se stessi, nell'ascesi e nella preghiera.

I primi monaci compaiono in Egitto nel III secolo dopo Cristo. Si chiamano anacoreti o solitari. Nel IV secolo le prime due grandi figure: Antonio e Pacomio, il primo espressione di un monachesimo appartato, eremitico, il secondo di un monachesimo comunitario, cenobitico.

Cosa hanno in comune questi monaci? Tante cose, ma

soprattutto la lotta contro Satana. Questi è il loro nemico. E ciò che i monaci dicono e scrivono è il modo migliore per abbatterlo. Ce ne fossero oggi di uomini di Chiesa che sanno parlare chiaro come questi uomini. Non ce ne sono, se non pochi. E la vita degli uomini è sotto una gravissima minaccia per questo motivo.

Il combattimento, come scrisse più volte Origene, è spirituale. Il combattimento, come scrive Atanasio raccontando la vita di Antonio, è aspro e terribile.

Il deserto è il luogo che Satana predilige per tentare l'uomo. Perché? Perché il deserto è anche il luogo amato da Dio per parlare all'uomo. Il deserto è, dunque, un campo di battaglia dove il monaco prova a lottare e soprattutto a resistere alle tentazioni del diavolo. Antonio lascia tutto e va nel deserto, il luogo di Satana. Satana non lo vuole lì. Sa che Antonio rappresenta per lui una potente minaccia.

I fatti raccontati possono essere ritenuti pura fantasia. Io ritengo siano veri. Il mondo soprannaturale esiste e ci accompagna sempre. Non solo il mondo della luce. Ma anche quello delle tenebre. Solo l'uomo il cui spirito è particolarmente allenato può andare oltre il mondo reale e vedere ciò che accade nel mondo soprannaturale. Solo pochi uomini riescono a vedere e a vivere dentro di sé la grande battaglia che da sempre si svolge nel cielo, quella tra Dio e Satana. I fatti raccontati sono uno scontro incredibile tra Antonio, un fanciullo divenuto monaco, e Satana. Uno scontro molto simile a quello che avviene tra un esorcista e Satana.

Il diavolo quando vede come Antonio vive diviene invidioso. E così inizia a mettergli gli occhi addosso. Inizialmente fa di tutto per scacciarlo dai suoi esercizi ascetici. Lo tenta ricordandogli i tempi in cui era ricco, i tempi della spensieratezza in famiglia. Poi le tentazioni dei soldi, del cibo, della vanagloria. Dentro la mente di Antonio inizia a entrare parecchia polvere. Presto è confuso, segno che Satana sta lavorando bene con lui.

Di notte Satana tenta Antonio in ogni modo. Di giorno lo molesta con pensieri terribili. Satana inculca nella mente di Antonio ogni tipo di tentazione. Antonio lotta con la sola arma che ha, la preghiera. Alle tentazioni sessuali Antonio risponde anche col digiuno. Preghiera e digiuno ben presto divengono un muro invalicabile per Satana. Questi, di notte, fa apparire nella stanza di Antonio una donna bellissima e sensuale. Lei è lì solo per lui. Un boccone prelibato. Antonio risponde con più preghiera e più digiuno. Spinge lontano da sé i carboni ardenti della seduzione e della tentazione.

Una notte Satana appare nelle sembianze di un bambino di colore. Entra nella stanza di Antonio e parla.

«Molti ho sedotto, moltissimi ho fatto cadere. E molte altre cose ho compiuto. Ora invece sono stato fiaccato.»

Dice Antonio: «Chi sei tu per parlare così con me?».

«Io sono l'amico della fornicazione, io sono colui che stringe d'assedio i giovani e mi chiamo spirito della fornicazione. Quanti ho sedotto che volevano essere pudichi! Quanti uomini continenti ho convinto, allettandoli! Io sono colui che ti ha spesso molestato e che tante volte hai respinto.»

«Perciò sei fin troppo spregevole. Sei nero nell'animo e nell'aspetto e ti sei rivelato un debole fanciullo. Del resto non mi curo di te. Il Signore è il mio aiuto e disprezzerò i miei nemici.»

A queste parole Satana, travestito da fanciullo, fugge.

Antonio va a vivere tra i sepolcri vicino alla città. È un luogo che non frequenta nessuno. Si chiude in un sepolcro e inizia le sue pratiche ascetiche. Satana sferra un attacco. Manda contro di lui una moltitudine di demoni. Lo percuotono ferocemente. Antonio è a terra come morto. In uno stato di semicoscienza Antonio si rivolge così ai demoni: «Eccomi qui, sono Antonio. Non fuggo i vostri colpi. Anche se me ne darete ancora, io non mi separerò dall'amore per Cristo».

Satana è senza parole. E pieno di odio. Così convoca i suoi cani e dice loro: «Vedete che non abbiamo potuto vincerlo né con lo spirito della fornicazione né con le percosse; anzi è diventato ancora più audace di noi. Avviciniamoci a lui in altro modo».

I diavoli divengono belve feroci e serpenti. E di notte attaccano il sepolcro di Antonio. Arrivano al sepolcro orsi, leoni, serpenti, tigri, leopardi, scorpioni. Tutti riescono a percuoterlo, a morderlo. Antonio è a terra. Sembra sconfitto. Ma la sua mente è lucida. Dice: «Se voi aveste qualche potere, sarebbe bastato che venisse uno di voi. Ma poiché il Signore vi ha tolto ogni nerbo, tentate d'impaurirmi con il numero. Segno della vostra debolezza è il fatto che assumiate l'aspetto di belve e bruti. Se davvero avete forza perché esitate? Venite. Ma se non potete, perché mi disturbate inutilmente? Noi abbiamo per darci forza il segno della croce e la fede che abbiamo nel Signore».

In un baleno le belve scompaiono.

Antonio esce vincitore. Adesso si dirige verso un monte. È questo il suo nuovo rifugio. Un monte, lui e Dio. Satana lo vede. Gli tiene gli occhi ancora fissi addosso. E sulla sua strada fa comparire un enorme vaso di argento.

Dice Antonio: «Da dove viene questo vaso nel deserto? Questa non è una via percorsa, né si vedono tracce di viandanti, i quali avrebbero attirato l'attenzione su di esso. Inoltre è così grande che nessuno potrebbe passare per la strada senza vederlo. Se poi qualcuno l'avesse lasciato cadere, chi l'ha perso sarebbe potuto tornare a cercarlo e ritrovarlo. Il luogo è deserto. Tutto ciò è arte del diavolo, ma neanche questa volta tu ostacolerai la mia volontà. Perché questo vaso andrà in perdizione assieme a te».

Mentre Antonio pronuncia queste parole il vaso scompare in una nuvola di fumo.

Molta gente inizia ad andare a trovare Antonio. Sentono in qualche modo che è un uomo di Dio. E si recano da lui. Di notte nessuno ha accesso al luogo dove Antonio riposa. Da lì si sentono urla.

«Allontanati da qui!»

E ancora: «Che cosa hai tu a che fare con il deserto? Non puoi sopportare oltre le nostre insidie!».

Alcuni provano ad avvicinarsi al luogo dove Antonio riposa. Riescono a sbirciare dentro ma non vedono nessuno. Soltanto Antonio che riposa.

Quando le urla divengono più potenti, quando gli attacchi si fanno più feroci si sente anche alta e potente la voce di Antonio. Canta da solo: «Sorga Dio e vengano dispersi i suoi nemici, e coloro che lo odiano fuggano dal suo cospetto. Come si dilegua il fumo essi di dileguano. Come la cera si scioglie al cospetto del fuoco, così periscano i peccatori al cospetto di Dio».

Antonio di giorno riceve parecchia gente.

A tutti racconta queste cose: «Con le nostre preghiere, i nostri digiuni, con la nostra fede in Cristo i demoni cadono subito. Però anche se cadono non stanno quieti. Si avvicinano di nuovo, astutamente e subdolamente. Poiché non sono riusciti a sedurre il cuore tramite il piacere, tendono altre insidie e formano immagini trasfigurandosi e imitano donne, belve, serpenti. Ma queste immagini non vanno temute. Non sono nulla e presto svaniscono. A volte fingono di predire il futuro. Loro non sanno il futuro. Solo Dio conosce il futuro. Un giorno venne da me un demone molto alto. Mi disse: "Io sono la potenza di Dio. Che cosa vuoi che ti doni?". In tutta risposta soffiai contro di lui pronunciando il nome di Cristo. Un'altra volta mentre digiunavo quel diavolo tornò da me sotto l'aspetto di un eremita. Mi offrì del pane e mi disse: "Mangia e abbandona queste fatiche. Sei un uomo. Se continui così ti indebolirai". Risposi con la preghiera. E quello sparì. Una volta venne a trovarmi Satana in persona. "Chi sei?" chiesi. "Sono Satana." "Perché sei venuto fin qui?" "Perché si lamentano di me i cristiani? Perché si lamentano di me?" "Perché tu li molesti." "Non sono io ma sono loro a turbarsi. Io sono diventato debole. Ormai io non ho luogo, non ho saetta, non ho città. I cristiani sono ovunque. Adesso pure il deserto è pieno di eremiti. Badino a custodire se stessi e non mi maledicano senza ragione." "Anche se sei un mentitore e non hai mai detto il vero, questa volta però hai detto il vero. Cristo, venendo, ti ha reso debole, ti ha atterrato e denudato." Quando sentì il nome di Cristo non resistette e fuggì.»

Così parla Antonio. La gente ancora va da lui. E iniziano presto a portargli anche degli indemoniati.

Del resto è logico: il popolo intuisce che chi più è dedito alla preghiera e al digiuno più è adatto a fare esorcismi.

È il motivo per cui ancora oggi, nella Chiesa ortodossa, per trovare un esorcista basta rivolgersi a un monastero; amministrare esorcismi è considerato un carisma e, come affermano le Costituzioni Apostoliche del 380, «si diventa esorcisti non per ordine sacro, ma per decisione personale, buona volontà, fortezza d'animo e grazia».

Tra gli indemoniati che portano ad Antonio c'è un uomo illustre. È posseduto in modo terribile. Si mangia le dita da solo. Si percuote. Di notte lo lasciano vicino ad Antonio che prega per lui. Al mattino l'indemoniato lo aggredisce. Dice Antonio: «Non è lui a fare queste cose. Ma il demonio che sta in lui. Poiché gli ho ordinato di andarsene in luoghi aridi, ecco che è impazzito e fa così. Glorificate quindi il Signore. Il fatto che mi abbia aggredito è segno che il demonio se ne sta andando».

E, infatti, l'uomo di colpo guarisce. Ora è libero.

Antonio, come gli apostoli, scaccia i demoni.

Antonio, come molti nel primo millennio dell'era cristiana, parla di Satana e mette in guardia da lui. Perché Antonio, come molti, crede nell'esistenza di Satana.

Non così nel secondo millennio e ai giorni nostri. Satana sembra non esistere più. Ma non è così. Esiste eccome. E non credere a Satana è un fatto gravissimo e che ha delle conseguenze terribili. È un peccato del quale sono responsabili, purtroppo, molti uomini di Chiesa.

Tutto inizia nel XII secolo. Un periodo tristissimo per la Chiesa. Si affacciano le grandi eresie. L'Europa è sconvolta da continue guerre, morte e distruzione. D'un tratto le donne con problemi di pazzia non sono più viste come matte. Bensì diventano delle streghe. Proprio loro che più di altre avrebbero dovuto essere esorcizzate vengono messe al rogo. L'Europa e tutto il mondo è pieno, come in ogni epoca storica, di indemoniate. A queste donne servirebbero degli esorcismi. E invece si rifiuta di dare loro questa "medicina" e le si considera carne da bruciare.

Nel 1252 Innocenzo IV autorizza la tortura degli eretici. Mentre nel 1326 Giovanni XXII autorizza per la prima volta l'inquisizione contro le streghe.

La follia regna in tutta Europa. Arriva anche la peste nera, dal 1340 al 1450. Muoiono intere generazioni. La Chiesa è divisa. Il mondo è diviso. I fratelli si dichiarano guerra. È un periodo di grandi distruzioni. Sono tutte queste sciagure messe assieme che portano la Chiesa a demonizzare qualsiasi cosa. Soltanto che questa demonizzazione non porta, come sarebbe stato giusto, a fare più esorcismi. Ma porta alla distruzione di vite innocenti.

Col tempo gli esorcismi diminuiscono sempre più fino al

periodo più nero, quello che va dal XVI al XVII secolo. È in questo periodo che gli esorcismi sostanzialmente scompaiono. Certo ci sono delle eccezioni. Una di queste è il caso di suor Giovanna Fery. Vive dal 1559 al 1620. È una delle suore nere di Mons, in Francia. Ha stretto diversi patti col demonio. Ma un prelato colto e capace, invece di mandarla al rogo, decide di sottoporla a esorcismi. Si chiama monsignor Luigi de Berlymont e sarà la salvezza di suor Fery. Gli esorcismi durano un anno. Ma poi viene liberata.

Non tutti i vescovi tuttavia hanno la lungimiranza di Berlymont. Tra questi san Carlo Borromeo. Un grande santo ma che, quanto alle streghe, si adegua al sentire comune.

La caccia alle streghe si diffonde presto, soprattutto nei paesi dove forte è il protestantesimo. A Roma, infatti, i casi di roghi delle streghe sono ridotti al lumicino. Così in Irlanda e in Spagna.

Poi, d'improvviso, nel XVIII secolo tutto cessa. Le streghe non vengono più perseguitate. Ma, abbandonati gli esorcismi per diversi decenni, nessuno li fa più. Il mondo è sostanzialmente sprovvisto di esorcisti. Il diavolo non esiste più per nessuno. È un pupazzo, un fantoccio. Così spesso è considerato ancora oggi. Con conseguenze terribili per tutti.

Dal secolo XVIII in poi si nega ogni esistenza del demonio. Di chi è la colpa? Senz'altro della cultura laica, dell'ateismo predicato alle masse, del razionalismo del mondo scientifico e culturale. La conseguenza è in quella perdita di fede che stiamo vivendo tuttora e, insieme, nella crescita d'ogni forma di superstizione e nell'espandersi d'ogni specie d'occultismo.

La Chiesa cattolica è vittima di questa imponente influenza. Tanto che, in essa, gli esorcisti sono quasi scomparsi da tre secoli. Certo, qualche esorcista c'è sempre stato. Ma in generale il loro numero è diminuito drasticamente fino ad arrivare sostanzialmente vicino allo zero. Senza esorcisti chi ha avuto il sopravvento? Satana e la sua furia omicida.

Da decenni nei seminari e nelle università ecclesiastiche non si studia più quella parte di teologia dogmatica che, parlando di Dio Creatore, parla degli angeli, della loro prova, della ribellione dei demoni; così negli studi i demoni non esistono più. Non si studia più (o quasi) la teologia spirituale, che tratta dell'azione ordinaria del demonio, la tentazione, e della sua azione straordinaria, la possessione e i mali malefici; tratta quindi anche dei rimedi, tra cui gli esorcismi. Di conseguenza agli esorcismi non si crede più, confermati in questa incredulità dal fatto di non averne mai fatti e mai visti. Non si studia più, in teologia morale, quella parte che riguarda certi peccati contro il primo comandamento: la magia, la negromanzia, lo spiritismo, ossia le forme di superstizione più condannate dalla Bibbia e oggi più diffuse. Per cui non si è istruito il popolo di Dio che, quando avvicina i sacerdoti su queste materie, si trova quasi sempre di fronte a un muro di ignoranza e di incomprensione.

Cosa costerebbe alle facoltà ecclesiastiche inserire dei testi dedicati alle lotte spirituali di santa Teresina del Bambin Gesù, di santa Teresa d'Avila, di san Giovanni della Croce? Cosa costerebbe affrontare, testi alla mano, le battaglie dei grandi padri dell'Oriente cristiano contro il demonio? Non costerebbe nulla ma nessuno ci pensa come se le altre materie siano più importanti. Certamente sono importanti, non lo nego, ma importante è anche conoscere l'altra parte del cielo, quella nera, quella che trascina all'eterna dannazione.

Se a queste due grandi carenze, di studio e di esperienza diretta, aggiungiamo gli errori dottrinali di tanti teologi e biblisti, che arrivano perfino a negare gli esorcismi del Vangelo, ritenendoli «linguaggio culturale», «adattamento alla mentalità dell'epoca», capiamo bene in quale abisso ci troviamo. È vero che contro questi errori si è alzata la voce dei Pontefici, soprattutto di Paolo VI e di Giovanni Paolo II, e oggi anche la voce di Benedetto XVI, è vero che la Congregazione per la dottrina della fede ha pubblicato il 26 giugno 1975, inserendolo tra i documenti ufficiali della Santa Sede, un documento dedicato alla demonologia, ma tutto ciò non basta. L'incredulità circa l'esistenza di Satana è diffusa e non permette alla gente di difendersi dal nemico, di salvarsi dalle sue infernali grinfie.

Gran colpa nella Chiesa cattolica ce l'hanno i vescovi. Non spetterebbe loro nominare nelle proprie diocesi almeno un esorcista? Sì, toccherebbe a loro. Ma spesso non fanno nulla. Perché? Perché sono ignoranti in materia. Perché non hanno studiato. Perché non si fidano fino in fondo di quanto c'è scritto nel Vangelo ma soprattutto perché, mi spiace dirlo, non hanno mai assistito a un esorcismo. Non capisco: agli aspiranti medici, diventino o non diventino chirurghi, viene fatto loro assistere a delle operazioni chirurgiche. Perché coi seminaristi le facoltà teologiche non adottano lo stesso metodo? Li facciano assistere a degli esorcismi! Fa niente se poi non diventano esorcisti. Almeno vedono e si rendono conto di cosa sia una possessione, di quanto il diavolo può fare male, male da morire. È difficile credere all'esistenza di Satana se non si è mai assistito a un esorcismo. Aggiungo anche che questo abbandono di tre secoli della pratica degli esorcismi ha fatto sì che agli occhi di molti gli stessi esorcismi appaiano come un qualche cosa di abominevole, di mostruoso, a cui si deve ricorrere assolutamente meno che si può, e meglio ancora se non si fanno mai.

Oggi nella Chiesa latina trovare un esorcista è difficile. Solo in Italia qualcosa si è mosso. La maggior parte delle altre nazioni purtroppo non ha esorcisti. Così la gente cerca maghi, cartomanti e spesso satanisti. La Chiesa cattolica dorme, ma dovrebbe sapere che Satana non dorme mai. È sempre sveglio, vigile, pronto ad attaccare.

Dice il Concilio Vaticano II, la grande assise convocata nel 1962 a Roma da papa Giovanni XXIII e alla quale hanno partecipato i vescovi di tutto il mondo: «Tutta intera la storia umana è pervasa da una lotta tremenda contro le potenze delle tenebre; lotta cominciata fin dall'origine del mondo e destinata a durare, come dice il Signore, fino all'ultimo giorno». E Giovanni Paolo II dice il 20 agosto 1986: «Alla vittoria di Cristo sul diavolo partecipa la Chiesa: Cristo infatti ha dato ai suoi discepoli il potere di cacciare i demoni. La Chiesa esercita tale potere vittorioso mediante la fede in Cristo e la preghiera che, in casi specifici, può assumere la forma dell'esorcismo».

«Coloro che crederanno in me, nel mio nome cacceranno i demoni... imporranno le mani sugli infermi ed essi guariranno» dice Gesù. Se almeno i sacerdoti credessero alle parole del Signore e al potere che hanno, non si stancherebbero di benedire tutte le persone che domandano anche solo una semplice benedizione. Credo che tanti mali scomparirebbero e che un esercito di persone (maghi, cartomanti, sensitivi e simili) finirebbe in cassa integrazione. È uno degli scopi che noi esorcisti, almeno indirettamente, cerchiamo di ottenere.

La cosa singolare è questa: che i Papi credono nell'esistenza di Satana, ma nonostante ciò non riescono a far sì che questa credenza si tramuti in decisioni concrete che coinvolgano tutta la Chiesa. In poche parole, non riescono a convincere i vescovi del mondo della necessità di nominare esorcisti. Più volte ho parlato con i Pontefici della mia "carriera" di esorcista. Più volte sono stato consultato. A loro ho sempre ricordato un grande uomo, anch'egli divenuto Papa.

Un uomo che, da Pontefice, ebbe il privilegio di vedere il regno di Satana. E poi di raccontarlo al mondo costringendo, lui sì, tutta la Chiesa a pregare per sconfiggerlo. Si chiamava Gioacchino Pecci.

Chi è Gioacchino Pecci? È uno dei più grandi Pontefici della storia. Divenne Papa nel 1878 e prese il nome di Leone XIII. Prima di Giovanni Paolo II era lui a detenere il record di secondo pontificato più lungo della storia della Chiesa dopo quello del suo predecessore, Pio IX.

Un giorno, è il 13 ottobre 1884, Leone XIII sta assistendo a una messa. Sempre, infatti, dopo aver celebrato una messa ne assiste a un'altra. È una messa di ringraziamento.

A un certo punto coloro che si trovano attorno a lui vedono che alza il capo verso l'alto. Guarda dritto innanzi a sé come fosse in trance. Cosa sta guardando? Il suo viso cambia colore. Diviene rosso. Leone XIII sembra spaventato. A tratti addirittura atterrito come se si trovasse in un mondo mostruoso.

Poco dopo, come se nulla fosse, si alza e si dirige di buon passo verso il proprio studio.

«Santità, non si sente bene? È successo qualcosa?» gli chiedono i suoi segretari alquanto spaventati.

«Nulla. Nulla. Lasciatemi solo. Non è successo nulla.»

In realtà qualcosa è successo. Leone XIII, infatti, si siede sulla propria scrivania e s'immerge in minuti di profonda e intensa scrittura. Scrive. Scrive senza sosta.

Poco dopo chiama un suo collaboratore, il segretario di un "ministero" della curia romana, la Congregazione dei riti. Senza dire nulla gli porge un foglio.

«Lo faccia stampare e lo diffonda in tutta la Chiesa» gli ordina.

Il segretario esce dallo studio, apre il foglio e legge scritte queste parole che lo sconvolgono. È una preghiera a san Michele Arcangelo, colui che nel testo sacro difende la fede in Dio dagli attacchi di Satana.

«San Michele Arcangelo, difendici nella battaglia; contro le malvagità e le insidie del diavolo sii nostro aiuto. Ti preghiamo supplici: che il Signore lo comandi! E tu, principe delle milizie celesti, con la potenza che ti viene da Dio, ricaccia nell'inferno Satana e gli altri spiriti maligni, che si aggirano per il mondo a perdizione delle anime.»

Perché questa preghiera?

Per la visione che poco prima ha avuto. È una visione che riguarda il futuro della Chiesa. Un periodo di circa cento anni in avanti quando il potere di Satana avrebbe raggiunto il suo culmine. Cento anni! Sostanzialmente la nostra epoca! Leone XIII sente due voci: una dolce e gentile, l'altra roca e aspra. Gli pare che queste voci provengano da vicino al tabernacolo. Subito comprende che la voce dolce e gentile è quella di Gesù Cristo mentre quella roca e aspra è di Satana.

Satana afferma con orgoglio di poter distruggere la Chiesa, ma per fare questo chiede più tempo e più potere.

Gesù, misteriosamente, acconsente alla richiesta e gli chiede di quanto tempo e di quanto potere abbia bisogno. Satana risponde che ha bisogno di circa cento anni e di un maggior potere su coloro che si sono messi al suo servizio.

Gesù accorda a Satana il tempo e il potere che chiede, dandogli piena libertà di disporne come vuole: ma non distruggerà la Chiesa.

Leone XIII rimane così scosso da questa esperienza che scrive una preghiera in onore di san Michele per la protezione della Chiesa. È la preghiera affidata al suo segretario e, tramite lui, a tutta la Chiesa.

Il Papa vuole che questa preghiera sia recitata alla fine di ogni messa. Questa disposizione viene seguita fino agli anni

Sessanta, quando, con la riforma della messa attuata dal Concilio Vaticano II, la preghiera viene definitivamente soppressa dalla liturgia. Torneremo sul significato di questa preghiera. Torneremo ai nostri tempi, giorni nei quali Satana sente scadere la libertà accordatagli da Cristo e dunque tenta, con forza inaudita, di distruggere la Chiesa e il mondo. Siamo alla battaglia finale e di questa battaglia dovremo parlare. Ma prima fermiamoci un attimo. Dove? In Vaticano.

8
SATANA IN VATICANO
Gli indemoniati da Benedetto XVI e da Giovanni Paolo II. Nota sul caso Orlandi

Dell'incredulità del Vaticano circa l'esistenza di Satana ne ho avuta una dimostrazione quando ho avuto a che fare con una commissione di cardinali incaricata di riscrivere il rituale degli esorcisti.

Il Concilio Vaticano II aveva disposto al termine dei suoi lavori che venissero aggiornati tutti i testi liturgici. Purtroppo in questa opera di aggiornamento ha prevalso spesso una ricerca di novità, per cui al posto di "aggiornare" si è pensato di buttare via i vecchi testi e fare tutto di nuovo. Un'azione spesso scellerata perché messa in campo partendo dal presupposto che il vecchio fosse sempre e comunque sbagliato: che follia!

L'ultimo testo sul quale hanno messo mano gli "innovatori" è stato il rituale per gli esorcisti, ovvero il testo che un esorcista segue quando deve svolgere un esorcismo. Io, assieme ad altri esorcisti, mi ero preparato pensando che sarei stato presto consultato da questa commissione. Invece niente. Invece, a sorpresa, il 4 giugno 1990 è apparso un nuovo rituale "ad interim", senza che nessuno di noi fosse stato consultato, nemmeno a voce, nemmeno per telefono.

Poco male. Un testo provvisorio è sempre riformabile, pensammo. Tanto più che all'inizio questo nuovo rituale venne distribuito perché fosse sperimentato dagli esorcisti, dai quali il Vaticano avrebbe dovuto attendere delle osservazioni. In sostanza, secondo gli accordi, gli esorcisti dovevano provare "sul campo" questo nuovo rituale, quindi dovevano trasmettere le proprie osservazioni al vescovo della propria diocesi, il quale si sarebbe premurato di trasmetterle alla Conferenza episcopale, e questa infine alla Congregazione per il culto divino, il "ministero" della Santa Sede responsabile del rinnovamento del testo. In realtà il percorso così tortuoso si rivelò essere una trappola. Disse il cardinale Eduardo Martínez Somalo, dal 1988 prefetto del Culto divino: «Entro due anni le conferenze episcopali di tutto il mondo sono incaricate di mandarci un rapporto sull'uso del nuovo rituale, come pure eventuali consigli e suggerimenti dati dai sacerdoti che ne avranno fatto uso». In realtà nulla di tutto questo avvenne. Principalmente per la tortuosità del percorso – dagli esorcisti ai vescovi, dai vescovi alla Conferenza episcopale e poi alla Congregazione del culto divino – in Vaticano non arrivò nessuna osservazione. Nessuna.

Noi esorcisti avremmo avuto molto da dire. La lettura e la prova del nuovo rituale fu infatti per noi assolutamente disastrosa. Era fin troppo evidente che il nuovo rituale era stato preparato da persone che mai avevano fatto esorcismi in vita loro e che mai vi avevano assistito.

Così noi esorcisti stabilimmo di riunirci in assemblea per decidere il da farsi. Ci trovammo in diciotto, provenienti da diversi paesi del mondo, tra i più veterani esorcisti esistenti. Discutemmo di questo testo provvisorio e decidemmo di scrivere una lunga relazione che chiamammo «le osservazioni dei diciotto». Consegnammo le nostre osservazioni alla Conferenza episcopale italiana, alla Congregazione per il culto divino e una copia fu data direttamente in mano a papa Giovani Paolo II che davanti ai nostri occhi la prese e ci ringraziò.

Passarono i mesi e un giorno venne data notizia dell'uscita del testo definitivo del nuovo rituale, pubblicato in latino con data 22 novembre 1998. La traduzione italiana, curata dalla Conferenza episcopale italiana, uscì il 25 novembre 2001.

La nostra delusione fu grandissima. Il testo definitivo con nostra sorpresa ricalcava sostanzialmente l'edizione "ad interim", con però l'aggiunta di macroscopici errori. Ad esempio, il testo vietava di fare uso di esorcismi nei casi di maleficio, casi che causano oltre il novanta per cento di disturbi diabolici. E ancora il testo vietava di fare esorcismi se non si ha la certezza della presenza del demonio. È assurdo. È solo facendo esorcismi che si ha la certezza che si tratta di possessione oppure no! In più chi stese questo testo non si accorse di contraddire il Catechismo della Chiesa Cattolica dove si afferma che gli esorcismi vanno fatti sia in caso di possessione, sia in caso di disturbi causati dal demonio. In questi disturbi non c'è mai la possessione, non c'è mai la presenza del demonio dentro il corpo delle persone, come non c'è quando si esorcizzano gli animali, le case, gli oggetti.

A cosa sono servite dunque «le osservazioni dei diciotto»?

Sono servite solo al disprezzo. Mi spiace dirlo ma devo dirlo: sono servite solo al disprezzo.

Il segretario della Congregazione per il culto divino affermò, davanti alla commissione di cardinali incaricata di redigere questo nuovo testo, che gli unici interlocutori dovevano essere i vescovi e non i sacerdoti o gli esorcisti. E aggiunse: «Si dovette prendere atto del fenomeno di un gruppo di esorcisti e anche demonologi, coloro che in seguito si sono costituiti in Associazione internazionale, che orchestravano una campagna contro il rito». Eravamo noi. Eravamo noi diciotto.

Fu un'accusa indecente.

Noi esorcisti abbiamo soltanto voluto fare delle osservazioni dopo aver usato il rituale "ad interim" e averne sperimentato in molte parti la totale inefficacia. Abbiamo creduto alla *Lumen gentium*, la costituzione dogmatica sulla Chiesa uscita dai lavori del Concilio Vaticano II, che dice: «Secondo la scienza, la competenza e il prestigio di cui godono, hanno facoltà, anzi talvolta anche il dovere, di far conoscere il loro parere su cose concernenti il bene della Chiesa». Noi abbiamo creduto alla *Lumen gentium* ma non così hanno fatto in Vaticano. Non mi pare che in Vaticano sia stata recepita da tutti.

Per fortuna in extremis il cardinale Jorge Arturo Medina Estévez, che nel 1996 divenne prefetto della Congregazione per il culto divino, riuscì con un colpo di mano dell'ultimo minuto a inserire una particolare notificazione in cui si concedette agli esorcisti di servirsi ancora del vecchio rituale facendone richiesta al vescovo. Fu la nostra salvezza. Tutti potemmo continuare a esorcizzare con il vecchio rituale, a mio avviso l'unico efficace contro il demonio.

Devo dire però ancora una cosa. E questa cosa riguarda Joseph Ratzinger. L'attuale Pontefice era ai tempi della stesura del rituale "ad interim" uno dei membri della commissione cardinalizia incaricata di scrivere il testo. Egli è stato l'unico a ricercare e ad ascoltare il parere di noi esorcisti anche se poi purtroppo tale parere non è stato condiviso dagli altri suoi colleghi.

È una mattina di maggio dell'anno 2009. Joseph Ratzinger è Papa già da quattro anni. Nel corso del suo pontificato ha parlato più volte di Satana. Capisco che per lui il demonio è uno spirito esistente, che lotta e agisce contro la Chiesa. E contro di lui. Altrimenti non si spiegherebbero frasi del genere: «Per quanti continuano a peccare senza mostrare nessuna forma di pentimento, la prospettiva è la dannazione eterna, l'inferno, perché l'attaccamento al peccato può condurci al fallimento della nostra esistenza. È il tragico destino che spetta a chi vive nel peccato senza invocare Dio. Solo il perdono divino ci dà la forza di resistere al male e non peccare più. Gesù è venuto per dirci che ci vuole tutti in paradiso e che l'inferno, del quale poco si parla in questo nostro tempo, esiste ed è eterno per quanti chiudono il cuore al suo amore».

E ancora: «Oggi constatiamo con dolore nuovamente che a Satana è stato concesso di vagliare i discepoli visibilmente davanti a tutto il mondo. E sappiamo che Gesù prega per la fede di Pietro e dei suoi successori. Sappiamo che Pietro, attraverso le acque agitate della storia, va incontro al Signore ed è in pericolo di affondare, ma viene sempre di nuovo sorretto dalla mano del Signore e guidato sulle acque».

Fa caldo in piazza San Pietro. La primavera è oramai inoltrata. Il sole picchia sulla piazza dove una folla di fedeli aspetta il Papa. È mercoledì, il giorno dell'udienza generale. I fedeli sono arrivati da tutto il mondo.

Dal fondo della piazza entra un gruppetto di quattro persone. Due donne e due giovani uomini. Le donne sono due mie assistenti. Mi aiutano durante gli esorcismi, pregano per me e per i posseduti e assistono per quanto è loro possibile i posseduti nel loro lungo e difficile percorso di liberazione.

I due giovani uomini sono due posseduti. Nessuno lo sa. Lo sanno soltanto loro e le due donne che li "scortano".

Quel mercoledì le donne decidono di portare i due all'udienza del Papa perché pensano che potrebbero trarne giovamento. Non è un mistero che molti gesti e parole del Papa facciano imbestialire Satana. Non è un mistero che anche la sola presenza del Papa inquieti e in qualche modo aiuti i posseduti nella loro battaglia contro colui che li possiede.

I quattro si avvicinano verso le transenne in prossimità del "palco" da dove Benedetto XVI di lì a poco è chiamato a parlare. Le guardie svizzere li fermano. Non hanno i biglietti per proseguire oltre. Le due donne insistono. È importante per loro riuscire a portare i due posseduti il più possibile vicino al Papa. Le guardie svizzere non ammettono deroghe e intimano loro di allontanarsi. Così una delle due donne fa finta di sentirsi male. La sceneggiata ottiene un risultato. I quattro vengono fatti accomodare oltre le transenne, nei posti riservati ai disabili.

«Avete visto, Giovanni e Marco?» chiedono le due donne ai due posseduti. «Ce l'abbiamo fatta. Tra poco arriverà il Papa e noi siamo qui vicini a lui.»

I due non parlano. Sono stranamente silenziosi. È come se coloro che li possiedono (si tratta di due demoni diversi) stiano cominciando a capire chi di lì a poco arriverà in piazza.

Suonano le dieci. Dall'arco delle campane, il portone a fianco della basilica vaticana, esce una jeep bianca. Sopra tre uomini. Un guidatore, il Papa in piedi e, seduto al suo fianco, il suo segretario particolare monsignor Georg Gänswein.

Le due donne si girano verso Giovanni e Marco. Istintivamente li sorreggono con le braccia. I due, infatti, iniziano ad avere comportamenti strani.

Giovanni trema e batte i denti.

Le due donne capiscono che qualcuno sta cominciando ad agire nel corpo di Giovanni e di Marco. Qualcuno che col passare dei minuti si mostra sempre più agitato.

«Giovanni, mantieni il controllo di te stesso» dice una delle due donne.

«Mantieni il controllo, Giovanni. Non farti sopraffare. Reagisci. Mantieni il controllo.»

L'altra donna dice le stesse parole a Marco.

Giovanni non sembra ascoltare le parole della donna. Salvo, d'improvviso, girarsi e dirle con voce lenta e che sembra venire da non si sa quale mondo: «Io non sono Giovanni».

La donna non dice più nulla. Sa che con il diavolo solo un esorcista può parlare. Se lei lo facesse sarebbe molto rischioso. Così rimane in silenzio e si limita a sostenere il corpo di Giovanni ora completamente in mano al demonio.

La jeep gira per tutta la piazza. I due posseduti si piegano per terra. Battono la testa per terra. Le guardie svizzere li osservano ma non intervengono. Sono forse abituate a scene del genere? Forse sì. Forse altre volte hanno assistito alle reazioni dei posseduti innanzi al Papa.

La jeep compie un lungo percorso. Poi arriva in cima alla piazza, a pochi metri dal portone della basilica vaticana. Il Papa scende dall'auto e saluta le persone poste nelle prime file.

Giovanni e Marco, insieme, iniziano a ululare. Sdraiati per terra ululano. Ululano fortissimo.

«Santità, santità, siamo qui!» urla al Papa una delle due donne cercando di attirare la sua attenzione.

Benedetto XVI si gira ma non si avvicina. Vede le due donne e vede i due giovani uomini per terra che urlano, sbavano, tremano, danno in escandescenze. Vede lo sguardo d'odio dei due uomini. Uno sguardo diretto contro di lui.

Il Papa non si scompone. Guarda da lontano. Alza un braccio e benedice i quattro. Per i due posseduti è una scossa furente. Una frustata assestata su tutto il corpo. Tanto che cadono tre metri indietro, sbattuti per terra. Adesso non urlano più. Ma piangono, piangono, piangono. Gemono per tutta l'udienza. Quando poi il Papa se ne va, rientrano in se stessi. Tornano se stessi. E non ricordano nulla.

Benedetto XVI è temutissimo da Satana. Le sue messe, le sue benedizioni, le sue parole sono come dei potenti esorcismi. Non credo che Benedetto XVI compia esorcismi. O almeno la cosa non mi risulta. Credo tuttavia che tutto il suo pontificato sia un grande esorcismo contro Satana. Efficace. Potente. Un grande esorcismo che molto dovrebbe insegnare ai vescovi e ai cardinali che non credono: costoro comunque dovranno rispondere della loro incredulità. Non credere e soprattutto non nominare esorcisti laddove ce ne è esplicito bisogno è, a mio avviso, un peccato grave, un peccato mortale.

Il modo con cui Benedetto XVI vive la liturgia. Il suo rispetto delle regole. Il suo rigore. La sua postura sono efficacissimi contro Satana. La liturgia celebrata dal Pontefice è potente. Satana è ferito ogni volta che il Papa celebra l'eucaristia.

Satana molto ha temuto l'elezione di Ratzinger al soglio di Pietro. Perché vedeva in lui la continuazione della grande battaglia che contro di lui ha fatto per ventisei anni e mezzo il suo predecessore, Giovanni Paolo II. Il Papa che, lui sì, faceva esorcismi.

Wojtyla si sa che fece diversi esorcismi in Vaticano. Una prima volta è il 27 marzo 1982. L'allora vescovo di Spoleto, Ottorino Alberti, gli porta una giovane donna, Francesca Fabrizi, che al vederlo si mette a gridare, a rotolarsi per terra, incurante che il Papa intimi più volte al diavolo di uscire da lei. Si quieta di colpo solo quando Giovanni Paolo II le dice: «Domani dirò messa per te».

Qualche anno dopo la donna torna dal Papa col marito, tranquilla, felice, in attesa di un bambino.

«Non avevo mai visto una cosa simile», confida il Papa al suo prefetto di casa, il cardinale Jacques Martin. «Una vera scena biblica.»

Un altro testimone, che conferma l'accaduto, è padre Baldino, parroco della chiesa di Santa Assunta di Cesi. «L'indemoniata ha ventidue anni» dice. «È un caso disperato e difficilissimo. Quando subisce l'esorcismo del Pontefice si placa. Oggi Francesca è felice. Si è sposata, non vive più a Cesi. Ha due bellissimi bambini.»

Ma l'esorcismo più duro fatto da Wojtyla credo sia stato quello su Sabrina. È una giovane donna che non risiede nel Lazio. Viene tutti i mercoledì a Roma per farsi esorcizzare da me. Un mercoledì decide di andare in piazza San Pietro e partecipare all'udienza del Papa. Quando Giovanni Paolo II arriva in piazza lei inizia a urlare. Devono tenerla in dieci. Vuole scaraventarsi addosso al Papa. Il suo viso è pieno di odio. Sbava. Bestemmia. Il corpo freme. È una belva pronta all'assalto.

L'udienza finisce e coloro che accompagnano Sabrina sono sfiniti. Il Papa durante l'udienza nota questa donna. Sente le sue urla. Così s'informa su chi sia e dice al suo segretario don Stanislaw Dziwisz di portargliela.

La macchina del Papa rientra dall'arco delle campane e si ferma poco avanti, a fianco della basilica dove i fedeli non possono vedere né avvicinarsi. Sabrina viene trascinata lì. È in trance. Gli occhi sono due orbite bianche. Sbava e piega la testa all'indietro. Appena viene portata vicino al Papa inizia a urlare e a tremare.

«No, no, lasciami stare. Lasciami stare» urla.

Il Papa le fa un esorcismo sul posto. La benedice più volte. E poi la lascia andare.

Nel pomeriggio Sabrina viene portata da me. Capisco subito che è ancora posseduta. La sua, infatti, è una possessione profondissima. Radicata.

Inizio l'esorcismo.

Sabrina è particolarmente agitata. Non deve essere stato facile per il demonio affrontare il Papa. Infatti capisco subito che è furente. Vuole dimostrare di comandare ancora.

Inizio le preghiere e dico: «Vattene, spirito immondo. Vattene».

«Vattene tu, prete» mi risponde.

«Perché sei in questa donna? Perché ti sei ribellato a Dio e sei divenuto un dannato? Perché? Rispondi nel nome di Cristo!»

«Mi sono ribellato perché sono il più forte. Dovete tutti adorarmi perché sono il più forte. Io sono il Signore.»

Il dialogo continua con un botta e risposta durissimo. Il diavolo è infuriato per l'incontro con il Papa ma nello stesso tempo si sente forte perché l'esorcismo di Giovanni Paolo II non è riuscito a sconfiggerlo. Si sente forte e vuole dimostrarmi di essere tale.

Sabrina si alza dalla sedia dove l'ho accomodata.

Si dirige verso di me. Mi supera di lato senza guardarmi.

Va diritta verso la parete dietro me.

E orizzontalmente, come fosse la cosa più naturale di questo mondo, si mette a camminare sul muro in direzione del soffitto. Cammina contro ogni legge di gravità. È una cosa naturale per lei. E poi scende come se nulla fosse.

Resto senza parole.

Finisco l'esorcismo.

Sabrina non è ancora libera.

Le chiedo: «Sabrina, cosa ricordi della giornata di oggi?».

«Niente» mi risponde. «Non ricordo assolutamente niente.»

Sabrina torna da me per tanti anni ancora. Tanto tempo ci vorrà per liberarla completamente. Ma sono convinto che, in qualche modo, l'esorcismo fattole da Wojtyla abbia lasciato un segno in lei.

Nel corso del suo lungo pontificato Giovanni Paolo II ha lottato diverse volte contro Satana. E la sua battaglia continua anche oggi che è morto.

Infatti Giovanni Paolo II è presente ancora oggi durante molti esorcismi.

Faccio un esempio. Una volta una posseduta mi ha detto: «Mentre mi esorcizzavi ho visto di fianco a te Giovanni Paolo II. Tu non te ne sei accorto ma mi stava esorcizzando assieme a te».

Dalle affermazioni di diversi esorcisti emerge che l'invocazione a Giovanni Paolo II ha un impatto devastante sul diavolo.

Monsignor Andrea Gemma, ad esempio, nel suo libro *Confidenze di un esorcista* afferma che il maligno, durante gli esorcismi, reagisce violentemente all'invocazione del nome di Giovanni Paolo II, il cui pontificato, per sua stessa ammissione, lo ha molto disturbato. Durante un esorcismo il diavolo avrebbe ammesso: «Il vecchiaccio (così chiama Giovanni Paolo II) ci ha fatto un enorme danno, ma quello che c'è adesso è peggio...». Parole che confermano anche la profonda avversione del maligno nei confronti di Benedetto XVI.

Una volta Satana mi ha parlato a lungo di Giovanni Paolo II. Ricordo ancora la voce roca del principe delle tenebre. Mi parlò poco prima di andarsene dalla persona che possedeva. Fu come una confessione che volle farmi prima che col potere di Cristo riuscissi a scacciarlo. Ovviamente le sue parole possono essere state una menzogna. Ma merita comunque riportarle perché dicono qualcosa. Disse: «Karol Wojtyla lo odio. Lo odiamo tutti. Wojtyla distrusse i miei piani. Volevo distruggere il mondo ma fu lui a far precipitare il comunismo in Russia e nell'Est Europa prima che riuscissi nel mio progetto. Erano anni in cui interi paesi vivevano nel terrore. Io li avevo messi in uno stato di terrore permanente. La Seconda guerra mondiale è stata un mio capolavoro. Ma quello che è seguito dopo, il comunismo coi suoi milioni di morti e soprattutto la fame e la sofferenza di intere popolazioni sono state una ciliegina sulla torta che ha superato in bontà la torta stessa. Il polacco contribuì a riportare la luce. E poi mi tolse molti giovani dalle mani. Erano oramai miei. Li avevo iniziati al male. Vivevano per me, chi consapevolmente chi senza saperlo. Lui me li ha tolti. Lo odio per questo. E lo odierò per sempre».

Quando si nomina Giovanni Paolo II durante un esorcismo il posseduto schiuma letteralmente rabbia. Credo tra l'altro che il demonio abbia lottato parecchio contro la beatificazione di Giovanni Paolo II e ancor più lotterà per la sua canonizzazione. Ma non riuscirà a impedirla perché Satana è il grande perdente mentre Dio vince sempre.

Anche quando si nomina Padre Pio da Pietrelcina il demonio impazzisce e diventa furioso e agitatissimo. Ma quando si nomina Giovanni Paolo II, Satana diventa ancor più brutale, incontrollabile. Satana detesta Giovanni Paolo II e spesso dice: «Quello lo odio con maggior intensità di Padre Pio».

Anche l'invocazione a Pio XII manda il diavolo in escandescenze, perché ogni Papa è il successore di Pietro e quindi, come capo della Chiesa, egli è il suo nemico principale.

Fra Benigno, esorcista ufficiale della diocesi di Palermo, conferma nel suo libro *Il diavolo esiste* di avere ottenuto diverse liberazioni per intercessione di Giovanni Paolo II a partire dal giorno della sua morte. Appoggiando sul capo dei posseduti una corona del rosario appartenuta a Wojtyla, assiste sempre a violente reazioni da parte delle persone colpite da disturbi malefici importanti. Ma accanto a Giovanni Paolo II c'è anche un nome di donna a rendere particolarmente furioso il diavolo: si tratta di santa Gemma Galgani.

Giovanni Paolo II è stato fondamentale per noi esorcisti. Ci ha ridato il nostro posto nella Chiesa dopo che per secoli era caduto l'oblio su di noi. E alla Chiesa diceva sempre: «Chi nella Chiesa non crede nel demonio non crede neanche nel Vangelo».

Wojtyla credeva nell'esistenza di Satana. E si affidava totalmente a Cristo. Non così hanno fatto e forse continuano a fare alcuni in Vaticano.

Non ci sono prove per dire che in Vaticano ci sia Satana, nel senso che non ci sono prove per dire che ci sono persone che in Vaticano svolgono riti satanici. Persone che sono volutamente schiave di Satana e che lavorano per instaurare il suo regno di buio, morte e distruzione in questo mondo. Io, almeno, non ho prove.

Però voglio dire due cose. La prima riguarda papa Paolo VI. È il 29 giugno 1972. È l'omelia per la festa dei santi Pietro e Paolo. Paolo VI se ne esce con questa terribile denuncia. Dice: «Ho la sensazione che da qualche fessura sia entrato il fumo di Satana nel tempio di Dio. C'è il dubbio, l'incertezza, la problematica, l'inquietudine, l'insoddisfazione, il confronto. Non ci si fida della Chiesa... Si credeva che dopo il Concilio sarebbe venuta una giornata di sole per la storia della Chiesa. È venuta invece una giornata di nuvole, di tempesta, di buio, di ricerca, di incertezza... Crediamo in qualche cosa di preternaturale (il Diavolo) venuto nel mondo proprio a turbare, per soffocare, i frutti del Concilio ecumenico e per impedire che la Chiesa prorompesse nell'inno di gioia di aver riavuto in pienezza la coscienza di sé». E ancora, ecco cosa disse il 15 novembre 1972 durante l'udienza generale: «Uno dei bisogni maggiori della Chiesa è la difesa da quel male che chiamiamo demonio. Terribile realtà. Misteriosa e paurosa... Esce dal quadro dell'insegnamento biblico ed ecclesiastico chi si rifiuta di riconoscerla esistente... È il nemico numero uno, è il tentatore per eccellenza. Sappiamo che questo essere oscuro e conturbante esiste davvero e con proditoria astuzia agisce ancora: è il nemico occulto che semina errori e sventure nella storia umana».

Infine il 3 febbraio 1977, ancora durante l'udienza generale: «Non è meraviglia se la scrittura acerbamente ci ammonisce che "tutto il mondo giace sotto il potere del Maligno"». Paolo VI parla spesso del demonio. E spesso lega la sua figura alla Chiesa. Perché? Forse perché vuole semplicemente ammonire la Chiesa, chiederle di essere prudente, di fuggire le tentazioni di Satana. Ma, a mio avviso, c'è di più. Paolo VI in qualche modo si accorge che Satana è dentro la Chiesa, forse addirittura dentro il Vaticano. E lancia l'allarme.

La seconda cosa che voglio dire riguarda un libro. Nel 1999 è uscito un libro che s'intitola *Via col vento in Vaticano*. L'autore, anonimo, era un monsignore della curia romana. Presto tutti seppero il suo nome, Luigi Marinelli. Prima della pubblicazione del libro Marinelli venne più volte a confidarsi con me. Era indeciso se pubblicare il libro o meno. Perché questa indecisione? Perché il libro è una collezione di aneddoti piccanti. Storie di carriere, arrivismi, avventure amorose. E anche riti e pratiche poco chiare, che si avvicinano al satanismo. Certo, non tutto quello che c'è scritto in quel libro è vero, ma in gran parte lo è. Questo è il mio parere. Ora, questo libro, appena uscito, sparì dai banchi delle librerie. Il Vaticano fece comperare tutte le copie. E poi, cosa ancora più curiosa, l'uscita fece pochissimo chiasso sui giornali. Perché? Come fu possibile che rivelazioni così esplosive non scatenassero il solito can-can dei media? Difficile rispondere. Di certo c'è un fatto: questo libro conferma che quando Paolo VI parlava in qualche modo della presenza del demonio nella Chiesa non aveva tutti i torti. Doveva essere un allarme per la Chiesa, ma non lo fu.

Vorrei, in proposito, fare un esempio. Parlare di una vicenda relativamente recente nella quale, a mio avviso, quella parte minoritaria che dentro le sacre mura lavora per il male e non per il bene può aver preso il sopravvento. È la vicenda che prende il nome di Emanuela Orlandi.

Emanuela Orlandi è una ragazza di quindici anni, figlia di un dipendente del Vaticano, precisamente di un dipendente che lavora nella prefettura della casa pontificia, uno insomma che nel suo lavoro ha occasione spesso di vedere da vicino il Papa. Emanuela è una ragazza solare e vivace. Improvvisamente il 22 giugno del 1983 scompare. Ancora oggi non è stata trovata.

Scompare dopo essere andata a lezione di musica. Emanuela, infatti, suona il flauto presso la chiesa di Sant'Apollinare in Classe dove c'è una sorta di conservatorio. Secondo le ultime informazioni raccolte prima della sua scomparsa, Emanuela sale su una macchina nera. Ma non è certo. È sicuro che alle 19.15 è stata vista per l'ultima volta da due compagne di scuola, in corso Rinascimento. Dopo di che di Emanuela non si sa più nulla, sparisce. Pochi giorni dopo appaiono molti manifesti con l'immagine di Emanuela per tutta Roma e con l'appello perché chiunque l'abbia vista nelle ore precedenti o successive alla sua sparizione si faccia avanti.

Nei giorni successivi, e ancora nei mesi e negli anni successivi, si dice di tutto riguardo a questo rapimento. Le tesi sulla scomparsa della povera Emanuela restano molteplici. Non voglio elencarle. Voglio soltanto dire cosa penso io. Premetto però che non parlo perché sono a conoscenza di fatti, ma parlo riportando quelle che sono le mie sensazioni. Le sensazioni che da subito ho provato quando ho saputo della scomparsa della giovane Emanuela.

Io penso che una ragazza di quindici anni non sale su una macchina se non conosce bene la persona che le chiede di salire. Credo che occorrerebbe indagare dentro il Vaticano e non fuori. O comunque indagare intorno alle persone che in qualche modo conoscevano Emanuela. Perché secondo me solo qualcuno che Emanuela conosce bene può averla indotta a salire su una macchina. Spesso le sette sataniche agiscono così: fanno salire su una macchina una ragazza e poi la fanno sparire. Il gioco è facile purtroppo. Fanno salire in macchina la loro preda, la narcotizzano con una siringa e poi fanno di questa ragazza ciò che vogliono. Beninteso, mi auguro che le cose non stiano in questo modo. Mi auguro che se davvero, come penso, di setta satanica si tratta, almeno questa setta non abbia nulla a che vedere con il Vaticano. Mi auguro che questa storia che sembra non finire mai finisca presto. Ma non mi esimo dal dire che spesso in tutto il mondo scompaiono giovani donne in questo modo. Può sparire una ragazza così vicina a un luogo che dovrebbe essere santo come è il Vaticano? Purtroppo sì. Perché Satana è ovunque.

Satana attacca i sacerdoti e le persone che si sono consacrate a Dio, soprattutto. Perché colpire un sacerdote significa trascinare all'inferno tante altre persone. Pensiamo a tutti quei preti che hanno infangato il proprio abito abusando sessualmente di minori. Questi atti sono demoniaci. Cosa c'è di più perverso di un atto simile? Satana è la perversione totale. È lui che entra nei cuori e porta a compiere azioni simili. I preti sono le persone più attaccate dal demonio. Hanno una sola possibilità di non farsi sopraffare: pregare e digiunare.

Un prete che abusa sessualmente di un bambino provoca una valanga di dolore e distruzione. È una colpa gravissima. È la più grande vittoria di Satana sulla Chiesa, convincere persone che dovrebbero essere tutte soltanto di Cristo a operare all'opposto solo e soltanto per il demonio.

Benedetto XVI ha tuonato contro la "sporcizia" esistente

nella Chiesa nelle meditazioni che ha tenuto nel 2005 durante la Via Crucis al Colosseo che ha preceduto di poco la sua elezione. Di preciso non si sa a cosa si volesse riferire. Ma è impossibile sganciare le sue parole da coloro che nella Chiesa vivono solo per fare carriera, per arrivare in alto, per affermare se stessi, per soddisfare il proprio ego. Ed è impossibile sganciare le sue parole da coloro che, dentro la Chiesa, compiono azioni impure, demoniache, sataniche.

Scrive Marinelli nel libro citato *Via col vento in Vaticano*: «L'alleanza di Dio con i poveri e gli umili è in contraddizione con l'arroganza di ogni potere che condanna e elimina l'innocente scomodo. Questo libro è un'eco raccolta nel deserto, un colombo libero con un messaggio nella zampa, una bottiglia in mare con dentro un ammonimento... Se Dio investe qualcuno del carisma di denunciare le rilassatezze, gli agi, i raggiri, gli intrallazzi, gli ozi, i privilegi di una certa classe clericale, da costoro, ammantati di mistico zelo per apparire i difensori della santità della chiesa, lui, il denunciante, deve attendersi una reazione altrettanto feroce».

Chi denuncia Satana deve attendersi una reazione feroce. Lo sanno gli esorcisti. Lo sanno i Pontefici.

Siamo alla battaglia finale contro il demonio. Leone XIII l'aveva capito bene. Dopo di lui tutti i Papi hanno combattuto la loro personale battaglia contro Satana. Tutti fino a Benedetto XVI, talmente odiato da Satana da essere ritenuto dal demonio "peggio" di Giovanni Paolo II. In questa battaglia Dio e i suoi angeli sono in prima linea. Intervengono, non lasciano soli gli uomini. E permettono che alcune persone dicano quello che loro non possono dire. Che alcune persone parlino al posto loro dell'inferno, del male, così che tutti possano equipaggiarsi per fuggire da Satana e dal suo regno. Ad alcune persone, insomma, oggi Dio chiede una grande prova: quella di vedere l'inferno e il regno di

Satana per poi avvertire tutti del pericolo che corrono se non vivono secondo Dio.

Una di queste persone è viva oggi. Si chiama Gloria Polo e cammina per le strade di questo mondo con la sua incredibile storia da raccontare. Gloria ha visto l'inferno. C'è stata. Ma Dio l'ha salvata e l'ha fatta tornare in questo mondo. Per raccontare, per dire, per testimoniare. Quando parla della sua storia inizia sempre così: «Sono stata alle porte del cielo e dell'inferno».

9

GLORIA POLO ALL'INFERNO, CON BIGLIETTO DI RITORNO

Tutto accade il 5 maggio 1995 vicino all'università nazionale di Bogotá in Colombia. Sono le 16.30 del pomeriggio. Gloria è una dentista da poco laureata. Insieme al cugino di ventitré anni sta studiando per la specializzazione. I due camminano assieme verso la facoltà dove Gloria deve cercare dei libri. Piove. Si riparano sotto un unico ombrello. A un certo punto un fulmine cade dal cielo, passa attraverso l'ombrello e li carbonizza. Letteralmente li carbonizza. Il cugino muore sul colpo. Le sue viscere sono completamente carbonizzate.

Il fulmine li colpisce perché, diranno poi le autorità, attratto non tanto dall'ombrello quanto da una medaglietta di quarzo che il cugino di Gloria indossa. La medaglietta ritrae Gesù Bambino al quale il cugino è molto devoto.

Il fulmine sconquassa anche il corpo di Gloria. Entra nel corpo e brucia la sua carne anche esternamente. I due seni spariscono all'istante, polverizzati. Al posto del seno sinistro rimane un buco. Il fegato è carbonizzato. Gloria fa uso della spirale per evitare le gravidanze. La spirale fa da conduttore e porta il fulmine sulle ovaie che diventano come due acini di uva passa. Reni, polmoni e costole sono anch'essi bruciati.

Gloria ha immediatamente un arresto cardiaco. È stesa per terra, il corpo inanimato che saltella a causa dell'elettricità.

In quei momenti Gloria è morta al mondo.

Ma la sua anima è viva, da un'altra parte.

Dov'è?

L'anima di Gloria si trova dentro un lungo tunnel bianco. È contenta. È in pace. In fondo al tunnel c'è una luce che la attira. È più che una luce. È una fonte di pace e serenità, di immenso amore.

Gloria capisce di essere morta. E, insieme, inizia a provare rimpianto. Tutte le giornate erano dedicate a se stessa, al suo lavoro, alle sue cose. Non aveva tempo per i figli e per il marito. Insieme vede tutte le persone che conosce in un unico istante. Le vede come sono veramente. Le vede dentro, nell'anima. E capisce quanto sia preziosa l'anima e quanto poco lo sia il corpo.

Gloria sale verso la luce. In fondo al tunnel scorge un lago stupendo. Tutte le descrizioni che farà successivamente di questo lago non riusciranno, dirà, a rendere la bellezza di questo luogo. È in quel momento che scorge suo cugino entrare in questo luogo. Entrare in paradiso. Ma d'improvviso Gloria sente dentro di sé una cosa tremenda. Sente che lei non deve, non può entrare dove è appena entrato il cugino.

Gloria, misteriosamente, ridiscende verso il suo corpo. Lo vede esanime in una barella. Vede che i medici tentano di rianimarlo. Di colpo, senza che lei possa fare resistenza, la sua anima riesce a rientrare nel corpo. Gloria soffre perché vorrebbe tornare indietro. Il corpo è adesso per la sua anima un guscio di ferro piccolo, troppo piccolo. I medici urlano: «Torna in sé! Torna in sé!».

I medici portano Gloria in sala operatoria. Forse devono amputare quel che resta delle sue gambe. Di certo c'è tutta la pelle bruciata da togliere. Ancora non sanno in che condizioni siano i suoi organi interni. Gloria però torna a essere in qualche modo presente. Seppure, poco dopo, alla sua anima venga concessa una prova terribile. L'anima, per un motivo misterioso, torna di nuovo fuori dal corpo. Gloria ancora una volta può osservare ciò che succede al suo corpo da fuori, da come probabilmente lo osservano tutti coloro che muoiono. Gloria è contenta. Forse può tornare verso la luce. O forse no. Ricorda quella sensazione terribile provata poc'anzi: a suo cugino sì, a lei no. A lei non è concesso il paradiso.

D'improvviso accade una cosa strana. Intorno alla sua anima si accalcano delle figure. Sono figure terribili. Sono dei demoni. Tantissime persone apparentemente comuni, normali, la guardano con un odio che nessun uomo è in grado di descrivere. Gloria comprende che a tutti questi demoni deve qualcosa. Deve loro il prezzo dei suoi peccati. Capisce, Gloria, che i peccati commessi quando era nel mondo non sono senza conseguenze. Che sono ferite che sanguinano e delle quali si deve rispondere. Sono ferite che aggiungono male al male già presente sulla terra. Sono atti da cui trae beneficio il regno del male e che feriscono il regno del bene.

Gloria è spaventata. Vuole rientrare nel suo corpo ma non può. La sua anima è braccata dai demoni che la accerchiano.

Così Gloria fugge. La sua anima attraversa la parete della sala operatoria e, contro la sua volontà, precipita. Precipita dentro una serie infinita di tunnel bui che scendono, scendono e ancora scendono. Gloria vaga nel buio finché arriva in un luogo di una oscurità indescrivibile. L'oscurità provoca pianto, dolore, gemiti. L'oscurità puzza, un odore nauseabondo. Gloria sente questa oscurità attorno a sé. E capisce che è un'oscurità viva. Questa oscurità è viva. Non è morta. Mentre Gloria sente questa opprimente presenza intorno a sé precipita fino a un tratto pianeggiante. Gloria capisce che quello è il fondo, il posto dove la sua anima deve morire spiritualmente. Lì, l'anima di Gloria deve stare per sempre.

Gloria è perduta. Persa e morta per l'eternità. Per sempre. Intorno a sé non c'è nulla, se non questa maledetta oscurità.

Gloria è all'inferno.

Poi accade ancora qualcosa di inaspettato. Proprio mentre Gloria sta per abbandonarsi a questo luogo che tutta la avvolge arriva san Michele Arcangelo, colui che difese la fede di Dio contro le orde di Satana. Colui che sconfisse Satana. San Michele trascina Gloria fuori di lì. Mentre i demoni, tutti i demoni, le si attaccano alle mani e cercano di trattenerla. I demoni la avvolgono, la avvinghiano. San Michele la trascina. E Gloria urla, urla e ancora urla.

Gloria non sa spiegarsi come. Ma di colpo il suo grido è il seguente: «Anime del purgatorio, per favore tiratemi fuori di qui! Tiratemi fuori di qui! Vi supplico, aiutatemi!».

Gloria sente, intorno a sé, il pianto di coloro che stanno nel purgatorio. Un pianto che le strazia il cuore di compassione. Un pianto che Gloria non scorderà mai più.

Gloria capisce di trovarsi ora al confine tra inferno e purgatorio. Il paradiso è sopra, più in alto, lontanissimo. Gloria si trova nel punto più basso del purgatorio, dove sono le anime di coloro che si sono suicidati in un momento di disperazione, di follia. Queste anime si trovano vicine all'inferno. I demoni sono lì, a un passo, feroci. Gloria guarda queste anime e capisce che lì devono restare almeno fino a quando non sono trascorsi tutti gli anni che ancora avrebbero dovuto vivere sulla terra. Queste anime soffrono indicibilmente e vivono tremendi sensi di colpa nei confronti di coloro che hanno lasciato nel mondo. Cosa le aiuta? Solo le preghiere dei vivi per loro.

Gloria è disperata. San Michele l'ha aiutata fin lì. Ma lì rimane. A un passo dall'inferno senza sapere cosa ne sarà di lei. Così continua a urlare e a chiedere aiuto. E qualcosa accade.

In quelle tenebre vede una piccola, piccolissima, luce. In quelle tenebre quella piccola luce è un dono indicibile. Gloria guarda verso la luce. E vede i suoi genitori. Il papà, che è morto da cinque anni, e poco più su la mamma, che è morta da più tempo. I due genitori guardano verso Gloria. Piangono ma non possono fare nulla per tirarla fuori di lì. Perché si trovano lì? Principalmente per una colpa, dirà poi Gloria, e cioè per non avere fatto abbastanza per educare Gloria all'amore di Dio.

Gloria urla e urla ancora: «Tiratemi fuori di qui! Tiratemi fuori di qui! Io sono cattolica!».

La supplica di Gloria non cade nel vuoto. Qualcosa ancora accade. Una voce squarcia l'oscurità. Una voce soave, limpida. Una voce che fa sussultare di gioia l'anima di Gloria costretta a stare lontana dal suo corpo che, nel frattempo, è sotto i ferri dei medici. La voce si fa sentire e i demoni che alle porte dell'inferno ancora cercano di trattenere Gloria sono costretti con profondo dolore a inginocchiarsi.

Quella voce è la voce della Madonna. Gloria la vede. Vede la Madonna. La vede durante la celebrazione della messa. Lei è lì, anch'essa in ginocchio davanti all'eucaristia, a pregare Gesù per lei. Cerca di intercedere presso Gesù per Gloria. La scena è incredibile. Durante la messa il prete alza l'ostia verso il cielo. Gesù si rende realmente presente e tutti s'inginocchiano. Anche i demoni s'inginocchiano. Lo fanno sbavando rabbia.

La Madonna si gira verso Gloria e le dice: «Se sei cattolica dimmi quali sono i comandamenti della legge di Dio».

Gloria sa che sono dieci. Ma ricorda solo il primo. Dice: «Il primo comandamento è: ama Dio sopra ogni cosa e il prossimo come te stesso».

«Molto bene, e tu l'hai fatto? Hai amato?»

«Io... sì. Sì, io sì!»

«No» dice la Madonna.

Gloria si sente nuda di fronte alla Madonna. Nuda senza maschere.

«No. Tu non hai amato il tuo Signore sopra ogni cosa, e tanto meno hai amato il tuo prossimo come te stessa! Tu ti sei fatta un Dio che hai modellato su di te, sulla tua vita. Solo nei momenti d'estrema necessità, o di sofferenza, ti ricordavi del Signore. Allora t'inginocchiavi, piangevi, chiedevi, offrivi novene, ti proponevi d'andare a messa, ai gruppi di preghiera, domandando qualche grazia o miracolo. Quand'eri povera, quando la tua famiglia era umile, quando ancora desideravi diventare una professionista, allora sì, tutti i giorni pregavi in ginocchio, ore intere, supplicando il Signore! Pregavi, chiedendomi che ti tirassi fuori da quella povertà, ti permettessi di diventare una professionista e di essere qualcuno! Quando ti trovavi nella necessità e avevi bisogno di denaro, allora sì, promettevi: "Prego il Rosario, ma tu, Signore, concedimi un po' di soldi!".»

La voce continua a parlare. E mostra a Gloria tutte le sue mancanze. Tutte le sue promesse non mantenute, il suo cuore completamente ingolfato da preoccupazioni di nessun valore.

Gloria vede tutto il male della sua vita. Tutto intero. Vede quanto ha disatteso i dieci comandamenti. Tutti. Uno dopo l'altro. E sente dentro di sé una grande vergogna. I suoi peccati, alcuni tremendi, le stanno davanti impietosamente.

La voce apre davanti a Gloria il libro della sua vita. E Gloria ne rimane atterrita. E pensa: "Non ho speranze". Gloria guarda verso il basso e vede l'abisso aprirsi innanzi a sé. "È lì" pensa "che devo finire."

Ma ancora qualcosa deve accadere. Gloria si gira verso l'alto. Ed ecco che delle enormi croste escono con molto dolore dai suoi occhi. Sono le croste della sua cecità spirituale.

Per la prima volta Gloria riesce a vedere come non ha mai visto prima. E, soprattutto, a dire: «Signore! Gesù Cristo, abbi compassione di me! Perdonami, Signore, perdonami! Dammi una seconda opportunità!».

Gesù si china su Gloria e la tira fuori da quella fossa in cui è finita. La tira letteralmente fuori.

E le dice: «Sì, tu tornerai, e avrai la tua seconda opportunità. Non per la preghiera della tua famiglia, perché è normale che piangano e gridino per te, ma per l'intercessione di tutte le persone estranee alla tua carne e al tuo sangue, che hanno pianto, pregato, ed elevato il proprio cuore con tanto amore per te».

Gloria non sa a chi Gesù si riferisce. Ma poi vede. Vede migliaia di fiammelle di luce, bellissime. Sono tutte quelle persone che pregano per coloro che non conoscono. Sono tutte quelle persone che pregano per gli altri.

Tra tutte quelle fiammelle ce n'è una più grande delle altre. È una persona che ama Gloria più delle altre. Le dice Gesù: «Quell'uomo che vedi lì, è una persona che ti ama molto seppure neanche ti conosce».

Chi è? È un povero contadino che vive nella Sierra Nevada di Santa Marta. È povero. Non ha di che mangiare. Un giorno legge su un giornale la notizia dell'incidente di Gloria. E la foto dove appare ustionata. Quest'uomo legge e inizia a piangere. Si butta per terra e prega: «Padre, mio Signore, abbi compassione di questa mia sorella, salvala, salvala, Signore! Signore, se tu la salverai, se salverai la mia sorella, ti prometto di andare al "Santuario de Buga"».

Dice Gesù a Gloria: «Questo è il vero amore per il prossimo. Così tu devi amare il prossimo». Poi le dice: «Tu tornerai indietro, per dare la tua testimonianza, che ripeterai non mille volte, ma mille per mille volte. Guai a chi, ascoltandoti, non cambierà, perché sarà giudicato con più severità. E questo vale anche per te e per i consacrati che sono i miei sacerdoti, e per chiunque altro che non ti darà ascolto: perché non c'è peggior sordo di chi non vuol sentire, né peggior cieco di chi non vuol vedere».

E così Gloria fugge dall'inferno e da Satana. Fugge e per la misericordia di Dio torna nel suo corpo e quindi nel mondo.

Di colpo la sala operatoria è spazzata da una novità dirompente: il corpo di Gloria è tornato integro. Gloria è come prima. Il suo corpo è rimasto pieno di cicatrici. Ma i suoi organi funzionano perfettamente.

Gloria è tornata.

È la sua seconda possibilità.

Gloria ora parla di Dio.

E parla del suo nemico.

Perché racconto di Gloria Polo? Perché occorre sapere che Satana esiste ed esiste l'inferno. Gloria è una testimonianza in più. L'inferno esiste. È un immenso buco nero nel quale si vive nella più totale oscurità. Si è disperati per l'eternità, senza più possibilità di salvezza. È lì che Satana vuole portare tutto il mondo. È per avere tutti gli uomini con sé nell'inferno che Satana combatte la sua battaglia. E il dramma è che con tanta gente egli riesce nel suo intento. Tutti siamo a rischio se non ci ravvediamo. Se non cambiamo vita. Se non preferiamo Dio a Satana, la luce al buio, il regno di Dio a quello del demonio.

Lo disse anche santa Faustina Kowalska. Dio la portò nell'inferno. Lei tornò e scrisse queste parole: «Oggi, sotto la guida di un angelo, sono stata negli abissi dell'inferno. È un luogo di grandi tormenti per tutta la sua estensione spaventosamente grande. Queste le varie pene che ho viste: la prima pena, quella che costituisce l'inferno, è la perdita di Dio; la seconda, i continui rimorsi della coscienza; la terza, la consapevolezza che quella sorte non cambierà mai; la quarta pena è il fuoco che penetra l'anima, ma non l'annienta; è una pena terribile: è un fuoco puramente spirituale, acceso dall'ira di Dio; la quinta pena è l'oscurità continua, un orribile soffocante fetore, e benché sia buio i demoni e le anime dannate si vedono fra di loro e vedono tutto il male degli altri e il proprio; la sesta pena è la compagnia continua di Satana; la settima pena è la tremenda disperazione, l'odio di Dio, le imprecazioni, le maledizioni, le bestemmie. Queste sono pene che tutti i dannati soffrono insieme, ma non sono la fine dei tormenti. Ci sono anche tormenti particolari per le varie anime. Sono i tormenti dei sensi. Ogni anima con quello che ha peccato viene tormentata in maniera tremenda e indescrivibile. Ci sono delle orribili caverne, voragini di tormenti, dove ogni supplizio si differenzia dall'altro. Sarei morta alla vista di quelle orribili torture, se non mi avesse sostenuta l'onnipotenza di Dio. Il peccatore sappia che col senso col quale pecca verrà torturato per tutta l'eternità. Scrivo questo per ordine di Dio, affinché nessun'anima si giustifichi dicendo che l'inferno non c'è, oppure che nessuno c'è mai stato e nessuno sa come sia. Io, suor Faustina, per ordine di Dio sono stata negli abissi dell'inferno, allo scopo di raccontarlo alle anime e testimoniare che l'inferno c'è. Ora non posso parlare di questo. Ho l'ordine da Dio di lasciarlo per iscritto. I demoni hanno dimostrato un grande odio contro di me, ma per ordine di Dio hanno dovuto ubbidirmi. Quello che ho scritto è una debole ombra delle cose che ho visto. Una cosa che ho notato è che la maggior parte delle anime che sono all'inferno sono anime che non credevano che l'inferno esistesse. Quando ritornai in me, non riuscivo a riprendermi per lo spavento, al pensiero che delle anime là soffrono così tremendamente, per questo prego con maggior fervore per la conversione dei peccatori, e invoco incessantemente la misericordia di Dio per loro».

Soldi, anzitutto, poi potere e sesso. Sono queste le lusinghe del demonio. Con queste tentazioni egli ci porta a sé. E più cediamo più è difficile uscirne. Pentiamoci perché anche noi non abbiamo un giorno a piangere senza possibilità di tornare sui nostri passi.

Satana ha sempre tentato il mondo in questo modo. Ha sempre attaccato il mondo così. Ma oggi sta accadendo qualcosa di diverso. Il suo attacco, come la visione di Leone XIII testimonia, è più potente. Siamo all'attacco definitivo. L'ultimo attacco. I suoi effetti distruttivi già si vedono nel mondo.

Perché questo attacco?

Perché è oggi che Satana vive in una situazione privilegiata.

Oggi egli è slegato.

Slegato dalle sue catene.

10

LA BATTAGLIA FINALE

Dio contro Satana, slegato dalle sue catene

La lotta tra Satana e Dio, tra il bene e il male, affonda le sue radici nella notte dei tempi. Non è una battaglia di oggi. È misteriosamente una battaglia che esiste da sempre, almeno da quando c'è il nostro mondo. Dice non a caso il Vangelo di Giovanni: «Il mondo sta tutto sotto il potere del maligno».

Tutto, non una parte. Tutto.

La lotta tra il bene e il male è misteriosamente cominciata all'inizio del mondo e non terminerà se non quando il mondo avrà fine. La battaglia è quella ordinaria: gli uomini tutti i giorni lottano contro il proprio peccato. Ma è anche straordinaria: l'azione di Satana che possiede le persone è senz'altro un'azione straordinaria contro la quale gli esorcisti sono chiamati a stare in prima linea. Poi ci sono i suoi tentativi di sconvolgere il pianeta, le guerre, i popoli e le nazioni.

La sacra Scrittura si apre da subito con l'irruzione del male nel mondo. La Genesi parla del peccato originale, della prima divisione che ha lacerato il mondo. Il peccato originale è un mistero dentro il quale non è facile entrare. Noi sappiamo solo una cosa: c'era un prima, una condizione privilegiata nella quale gli uomini godevano dell'incorruttibilità. E c'è un dopo: la nostra condizione di mortali, di uomini destinati a morire e a vivere i nostri anni sotto il potere del grande nemico, Satana.

La visione di papa Leone XIII questo ci dice. Ma ci dice anche che la storia dell'umanità non è tutta uguale. Ci dice che il nostro tempo è un tempo particolare. È il tempo in cui a Satana è concesso di sferrare un attacco più duro e violento di altre volte, probabilmente il suo ultimo e definitivo attacco.

Che le cose stiano in questo modo l'ha confermato anche la Madonna a Medjugorje. È dal 1981 che la Madonna appare a Medjugorje. Si tratta di apparizioni sulle quali la Chiesa ancora non si è espressa. Ma per me, lo dico senza paura, sono apparizioni vere e presto, io credo molto presto, tutto si svelerà nella sua potente luminosità.

È la Madonna, non il demonio come alcuni sostengono, che dal 1981 parla al mondo da Medjugorje. Era il primo gennaio 2001 quando la Madonna disse queste folgoranti parole: «Cari figli, questa sera in modo speciale vi ho voluti qua. In modo speciale adesso, quando Satana è sciolto dalle catene, vi invito a consacrarvi al mio cuore e al cuore di mio figlio. In modo speciale adesso, cari figli miei, vi invito a starmi vicino. Io vi benedico tutti con la mia benedizione materna».

Proprio oggi che nessuno parla più di Satana. Proprio adesso che anche la Chiesa cattolica fatica a parlarne e fatica a credere all'esistenza di colui che da sempre è il suo nemico, il suo avversario, egli, Satana, agisce con una libertà di movimento mai avuta precedentemente. Satana oggi è slegato dalle sue catene. Perché è slegato resta un mistero. Forse perché i tempi dell'Apocalisse, i tempi dello scontro finale, sono prossimi.

Dice l'Apocalisse: «Alla bestia fu data una bocca per proferire parole d'orgoglio e bestemmie, con il potere di agire per quarantadue mesi. Essa aprì la bocca per proferire bestemmie contro Dio, per bestemmiare il suo nome e la sua dimora, contro tutti quelli che credono nel cielo. Le fu concesso di fare guerra ai santi e di vincerli; le fu dato potere sopra ogni tribù, popolo, lingua e nazione. Lo adoreranno tutti gli abitanti della terra, il cui nome è scritto nel libro della vita dell'Agnello, immolato fin dalla fondazione del mondo».

Questa bestia è Satana. È lui colui che il mondo adora. Lui che per primo si ribellò a Dio. Si ribellò, rifiutò la sottomissione a Dio, e per questo venne precipitato nell'inferno, la sua dimora, un luogo buio e senza luce. Con lui precipitarono tutti gli angeli che decisero di seguirlo. Quegli angeli che d'un colpo divennero demoni. Sono tanti, tantissimi, legioni e legioni tanto che se si potessero vedere oscurerebbero il cielo. Così mi disse uno di loro.

È da questa ribellione di Satana a Dio che la creazione di Dio in qualche modo è stata violata. Non si può dire molto su questa ribellione. Perché avvenne? Come avvenne? Perché Dio la permise? Sta di fatto che accadde e da quando accadde niente è stato più come prima. Satana da quel momento è divenuto il grande tentatore, il grande seduttore. Ha tentato, vincendoli, i nostri progenitori e del cedimento a quella tentazione noi continuiamo a pagare le conseguenze. Il peccato, la corruzione, il male sono dentro di noi e sino alla fine della nostra esistenza la lotta è e sarà una: resistere al male, resistere a Satana e scegliere il bene.

Sono due le mete alle quali andiamo incontro, è bene saperlo: l'inferno e il paradiso. O andiamo all'inferno o andiamo in paradiso. *Tertium non datur*. Una terza possibilità non ci è data. O meglio, esiste il purgatorio, ma il purgatorio non è una scelta, è una condizione provvisoria concessa da Dio a coloro che, nonostante il male e i peccati, potranno accedere al paradiso. La scelta dell'uomo è e resta fra due traguardi: o l'inferno o il paradiso, o Satana o Dio, o il buio eterno o la luce eterna.

L'inferno è il regno di Satana. Buio, senza luce. Senza Dio, un regno di disperazione eterna.

Un giorno stavo facendo un esorcismo. Avevo esorcizzato questa persona già tante altre volte. E ormai avevo capito chi la possedeva. Non era un diavolo qualunque. Era Satana. Una possessione profonda, difficile, quasi impossibile da eliminare.

Chiesi a Satana: «Perché non te ne vai via dall'inferno?».

La sua voce era lugubre e astiosa ma anche infinitamente triste.

«Prete, dimmi tu, dove dovrei andare?»

«Perché non vai da Dio? Perché non bussi alla sua porta? Perché non ti penti e torni sui tuoi passi?»

Seguì un lungo silenzio.

Poi parlò: «Io non tornerò mai indietro. La mia scelta è definitiva. Irrevocabile. Il mio rifiuto è per sempre».

«Ma non sei mai tornato alle porte del paradiso?»

«Io non torno mai. Io resto sempre qui. Io sono l'inferno. E Dio il mio nemico per l'eternità.»

Mi sembrava di ascoltare quel racconto che Clive Staples Lewis dedicò al paradiso. Scrisse che i dannati, giunti alle soglie del cielo, rifiutarono di entrare preferendo tornare all'inferno. I demoni non vogliono il paradiso. Si compiacciono del proprio male e l'unica cosa che desiderano fare è odiare: odiare Dio e tutto l'universo. Per sempre. Beninteso: non dialogo mai con il demonio. Questo scambio di battute avvenne quasi per caso e occorre dargli poco peso perché Satana inganna sempre. Ma l'ho riportato perché a volte Satana, quando dice qualcosa a un esorcista, non riesce a mentire. L'esorcista è più potente di lui perché Cristo è dalla sua parte e può capitare che un dialogo avvenga e che in questo dialogo egli non riesca a mentire.

Il destino di Satana è irrevocabile. E così il destino di coloro che decidono per l'inferno. Non è Dio che ci manda all'inferno. Siamo noi che volontariamente ci andiamo. Il nostro cuore diventa di pietra. La nostra connivenza con il peccato si fa totale. E l'inferno è la meta che decidiamo di tagliare. È un mistero, un mistero di iniquità e cioè di una profondità tremenda, il mistero della libertà che decide di agire contro Dio.

Satana non agisce sempre con la stessa forza. Sono ad esempio oramai persuaso che di notte la sua azione si fa più forte che di giorno. La notte è il tempo del diavolo. Di notte egli si muove indisturbato e riesce a seminare la sua messe di morte. Certo, la notte non sono soltanto le ore del giorno senza luce. La notte è anche la notte dello spirito. Quando il nostro spirito è buio, vive nelle tenebre, il diavolo ha maggiore spazio di manovra. Per questo occorre confessarsi spesso. La confessione riporta l'uomo alla luce. Una confessione è più potente di un esorcismo. Satana teme di più la confessione dell'esorcismo. Perché la confessione di schianto riporta l'uomo alla luce, alla grazia di Dio e contro un uomo in grazia di Dio Satana non può fare nulla. La confessione distrugge il male. Lo annienta. E gira l'uomo verso la luce, verso il bene. Certo, occorre sempre vigilare. Satana è infinitamente più furbo e potente delle nostre capacità di difesa. Per cui occorre sempre stare all'erta e avere molta umiltà.

L'attacco di Satana è rivolto principalmente a chi nel mondo ricopre posti di potere. Perché fare suoi uomini che hanno grandi responsabilità significa a cascata fare sue tantissime altre persone. E poi i più attaccati sono gli uomini di Chiesa. Perché? Perché loro dovrebbero essere i santi di Dio e invece se si fanno sopraffare da Satana divengono all'opposto i suoi nemici.

Satana attacca anzitutto il Papa. Il suo odio per il successore di Pietro è feroce. L'ho sperimentato nei miei esorcismi. Quando nomino Giovani Paolo II i demoni schiumano rabbia. Altri tremano. Altri ancora urlano e supplicano di non nominarlo più. Così anche con Benedetto XVI. Ogni gesto di Joseph Ratzinger, le sue liturgie così composte e piane, sono un potente esorcismo contro la furia del demonio.

Dopo il Papa Satana attacca i cardinali, i vescovi e tutti i preti e i religiosi. È normale che sia così. Nessuno si deve scandalizzare di questo. E nemmeno ci si deve scandalizzare se alcuni, nella Chiesa, cedono alle sue lusinghe e si fanno sopraffare. I preti, i religiosi e le religiose sono chiamati a una dura lotta spirituale. Non devono cedere mai al demonio. Se aprono la porta della propria anima, anche poco, al demonio, questi entra e si prende tutta la loro vita.

Un giorno, come già ho raccontato, suor Faustina Kowalska vide lucidamente l'inferno. E dentro l'inferno vide il luogo che Satana ha preparato per i sacerdoti, i sacerdoti dannati per l'eternità. Ecco il racconto di suor Faustina: «Allora il sentiero che io seguivo s'aprì e mi trovai in un'altra cavità sopra la prima e più orribile. Là si tenevano i sacerdoti indegni che avevano avuto l'audacia di ricevere sacrilegamente nelle loro mani e nel loro cuore il Figlio della vergine. Quei miserabili soffrivano tali torture che tutte quelle di cui ho parlato non sono nulla a confronto. Erano tormentati specialmente nelle parti del corpo che avevano toccato l'ostia consacrata; pel dolore si facevano scoppiare le mani ch'erano divenute come carboni ardenti; le loro lingue erano come fatte a pezzi e penzolavano fuori dalla loro bocca per significare i loro sacrilegi; tutto l'interno del loro corpo e specialmente il loro cuore era divorato dal fuoco e in preda a orribili dolori. Là io vidi drizzarsi, come un serpente che vuol saltare, un cattivo sacerdote ch'io conobbi e che era morto subitaneamente dopo aver dato gravi scandali. Mi fissò con rabbia e subito ricadde nel più profondo della fornace».

Io dico: la misericordia di Dio può tutto. Non è mai troppo tardi per pentirsi, per tornare a Dio. Di certo c'è un fatto. Non si può dimenticare che lo scandalo della pedofilia nel clero è scoppiato in questi ultimi decenni. Questo è il tempo della furia di Satana sul mondo. Una furia che colpisce in modo potente soprattutto la Chiesa. Il fatto che gli scandali siano usciti allo scoperto è un bene. Perché permette alla Chiesa di fare penitenza, di ravvedersi, di non peccare più.

Il mondo è in mano al potere del demonio. Con Satana ci sono tanti suoi profeti. Tante persone che la Bibbia chiama falsi profeti. Falsi perché portano alla menzogna e non alla verità. Queste persone esistono fuori ma anche dentro la Chiesa. Si riconoscono subito: dicono di parlare nel nome della Chiesa e invece parlano nel nome del mondo. Chiedono alla Chiesa di vestire i panni del mondo e così facendo confondono i fedeli e portano la Chiesa in acque non sue. Sono le acque del maligno. Le acque che la Bibbia descrive in modo mirabile nel suo ultimo testo, l'Apocalisse.

La rabbia di Satana esiste da quando esiste il mondo. Ma da quando Dio ha mandato nel mondo suo Figlio, Gesù, questa rabbia è divenuta più forte. Da quando c'è Gesù lo scontro tra i due eserciti è aperto, frontale. Satana aizza il popolo contro Cristo e riesce a convincerlo che è necessario ucciderlo. La morte di Gesù è la vittoria di Satana. Una vittoria apparente perché in realtà con la risurrezione è Cristo che trionfa. Ma il suo trionfo non cancella il male. Non cancella la presenza del drago, la bestia, Satana. Questi c'è ancora ma da quando è venuto Cristo l'uomo ha la certezza che, se si affida a lui, può farcela. Pur nella difficoltà della vita, può sconfiggere la morte.

Oggi, duemila anni dopo la venuta di Cristo, la lotta è più aspra. Siamo a uno scontro finale. Da una parte l'esercito di Satana. Dall'altra l'esercito di Dio con tutti i suoi santi e i suoi martiri, gente che effonde il proprio sangue a beneficio di coloro che rimangono a lottare. Ogni goccia di sangue dei martiri è usata da Dio nella infinita battaglia contro il demonio.

Disse la Madonna a Medjugorje il 14 aprile del 1982: «Dio ha permesso a Satana di mettere la Chiesa alla prova per un secolo» ma ha aggiunto: «Non la distruggerai. Questo secolo in cui vivete è sotto il potere di Satana ma, quando saranno realizzati i segreti che vi ho affidati, il suo potere sarà infranto».

Parole che ci dicono che se Satana oggi è all'opera, all'opera contro di lui c'è anche la Madonna. Sappiamo poco dei segreti affidati ai veggenti di Medjugorje. Sappiamo però che quando – presto, molto presto – questi segreti si realizzeranno, il drago sarà sconfitto e il regno della luce trionferà.

Nella lotta contro il demonio non sono chiamati soltanto i cattolici. Sono chiamati tutti gli uomini. E credo soprattutto tutti gli uomini che hanno fede. Sono convinto che se un ebreo, o un islamico, vive la propria fede in Dio illuminandola con la luce della ragione, questa sua fede autentica e vera non solo porterà lui alla salvezza ma porterà alla salvezza anche tante altre persone. Servono uomini fedeli a Dio, che sappiano imbracciare per lui le armi del digiuno e della preghiera e in questo modo sappiano scacciare dal mondo il male.

Ricordo un giorno sul Mar Morto. Ero in viaggio. Mi

fermai sulla spiaggia. Faceva un gran caldo. Ero insieme ad altre persone. Tutti cercammo refrigerio in un piccolo bar. Uno del gruppo, un musulmano, si staccò. Stese una piccola stuoia sulla spiaggia sotto il sole e rivolto alla Mecca pregò Dio con una intensità che difficilmente mi è capitato di ritrovare altrove. Ho pensato: "Se avessimo tutti la fede che ha lui sposteremmo le montagne e Satana sarebbe sconfitto in un sol colpo".

Occorre però fare un'ultima osservazione. Se è vero che la lotta tra Satana e Dio è oggi arrivata a una fase finale, occorre anche ricordare che, come dice la Scrittura, è oggi il tempo dell'Anticristo. Di lui, dell'Anticristo, hanno parlato in tanti. Chi è l'Anticristo? È il nemico per eccellenza di Cristo. Una sorta di figlio prediletto di Satana che verrà nel mondo quando lo scontro con Dio sarà alla resa dei conti. Verrà per combattere Dio ma soccomberà.

Io credo che il tempo dell'Anticristo è il nostro tempo, il tempo dell'inizio del terzo millennio. Non sarà difficile riconoscere la venuta di questa persona: egli, infatti, come dice san Paolo, sedurrà l'uomo presentandosi come l'inviato di Dio e sederà nel tempio di Dio additando se stesso come Dio.

«Chi sei tu?» chiesi una volta a un diavolo che possedeva una giovane donna. La costringeva a mangiare, mangiare e ancora mangiare. Ingoiava chili di pane e pizza ogni giorno. Ma non era mai sazia. E soprattutto non ingrassava. Era magra e fragile come un fuscello. Ma ingorda come una bestia feroce che non mangia da giorni. Le portavano intere teglie di pizza che sparivano dentro la sua bocca con una velocità incredibile. Vederla mangiare era uno spettacolo tremendo, terribile.

«Chi sei tu, dimmelo nel nome di Cristo!»

«Io sono Dio.»

«Non mentire! Dio è uno solo. E tu lo conosci bene.»

«No, io sono Dio. Io sono colui che il mondo adora. Il tuo Dio non è Dio e presto non esisterà più.»

«Taci mentitore. Dio è il Signore del cielo e della terra e tu a lui devi restare assoggettato.»

«Tu non sai niente, prete. Guardati intorno. È pieno di miei discepoli. Chi sono io per loro? Sono Dio.»

«Tu puoi dire ciò che vuoi. Ma Dio è uno solo. E nel suo nome ti ordino di andartene da questa donna. Di lasciarla libera. Vattene Satana.»

«Io non me ne vado. E anche se me ne vado resto. Resto in altri corpi. Rimango in altre vite. Il mondo è mio e sarà mio per sempre.»

«Il mondo è di Dio. È sempre stato suo. E tu sei destinato soltanto a soccombere.»

«Io non soccomberò. Presto un mio figlio verrà adorato da tutti. Lo chiameranno Dio.»

Additare se stesso come Dio. È questo che Satana fa dalla notte dei tempi, la notte in cui si rivoltò contro Dio. Gli sputò in faccia e gli disse: «Io sono Dio».

Da quella notte l'universo è costretto a subire una feroce battaglia. In questa battaglia noi esorcisti siamo chiamati a combattere in prima fila. E combatteremo per sempre, fino a che la Chiesa ci sarà. E fino a che nella Chiesa ci saranno dei vescovi che ci chiederanno di farlo.

«Padre Amorth, mi chiamo padre Andrew. Ho appena trent'anni. Sono prete da cinque. Vivo negli Stati Uniti. La ringrazio di avermi ricevuto. Nella mia diocesi non c'è nessun sacerdote che abbia accettato la richiesta del vescovo di diventare esorcista. Così il vescovo ha chiesto a me, che sono il più giovane. Ho accettato. Ho iniziato a esorcizzare. Ma non è facile.»

«Non c'è un esorcista più anziano, anche di un'altra diocesi, dal quale puoi imparare? È importante seguire qualcuno che già da tempo fa esorcismi.»

«No, non c'è. Il più vicino è a cinque ore di aereo. In macchina ci vuole un giorno intero.»

«Male, molto male. Consiglio sempre a chi inizia di farsi aiutare da qualcuno più esperto. Ci sono tanti trucchi da conoscere. Quanti me ne ha insegnati padre Candido Amantini, il mio maestro... Davvero è deprecabile questo atteggiamento dei vescovi che non nominano esorcisti. Io sono arrivato a una conclusione: quei vescovi che dove c'è richiesta di esorcisti non ne nominano nemmeno uno sono in peccato mortale. E di questo peccato dovranno rispondere. Disattendono un obbligo grave, un obbligo che Cristo ha dato chiaramente nel Vangelo: "Andate e scacciate i demoni". Ma dimmi. Perché sei venuto fino a Roma? È un viaggio lungo. Che cosa hai da chiedermi?»

«Tante domande, alcune forse banali ma vorrei sentire le sue risposte. Alcune domande le fanno a me e io non so se rispondo correttamente. Altre domande invece sono mie. Me le porto dentro ma nessuno sa rispondermi anche dentro la Chiesa. Nemmeno il mio vescovo. È un buon pastore. Ma non ha mai fatto esorcismi.»

«Dimmi pure. Vediamo se posso aiutarti.»

«Chi è Satana?»

«È il capo dei demoni. Un angelo un tempo bellissimo che si ribellò a Dio.»

«Perché non si mostra mai?»

«Perché lui è puro spirito. È invisibile. Ma si manifesta con bestemmie e dolori nelle persone di cui s'impossessa. Può restare nascosto. O parlare lingue diverse. Trasformarsi. Oppure fare il simpatico. A volte mi prende in giro. Ma io ho il Signore dalla mia parte e non mi faccio intimidire.»

«Perché con Satana noi preti possiamo parlare e invece con Dio non parliamo mai direttamente?»

«Satana si mostra perché Dio glielo permette. Dio parla in altri modi e per altre vie.»

«Cosa devo dire a coloro che hanno paura quando parlo di Satana? Spesso in chiesa nelle omelie avverto i fedeli della presenza del demonio, del fatto che lui esiste. Poi capita che alla fine della messa mi rimproverino. Mi dicono: "Padre, c'erano anche dei bambini in chiesa. Non dovrebbe spaventarli con queste cose".»

«Deve dire loro di non preoccuparsi. Che raccontare ai bambini del diavolo è un modo per aiutarli a scoprire che la vita non è solo bene ma anche male. E poi dica loro: non è che per caso siete voi ad avere paura?»

«In effetti molti di loro hanno paura.»

«Deve dire loro che avere un po' di paura è giusto. Ci permette di difenderci dalle insidie che comunque ci sono. Ma deve anche dire loro che Satana è come un cane da guardia legato a una catena. Se non ci si avvicina al suo raggio di azione non può fare nulla a nessuno.»

«Spesso quando faccio un esorcismo mi discosto dal rituale. Mi viene da abbandonarlo per qualche istante perché vedo che se inizio a invocare l'aiuto di qualche santo l'esorcismo diviene più efficace. Faccio bene?»

«Non c'è una regola precisa, caro padre Andrew. Seguire il rituale è sempre importante. Ma a volte si possono fare delle pause. Ognuno deve trovare la propria misura con il posseduto. Alcuni diavoli impazziscono se si nomina Padre Pio da Pietrelcina. Per altri il suo nome ha l'effetto che può avere un bicchiere d'acqua fresca.»

«Spesso non so dire se una persona è posseduta davvero. Mi ci vuole un esorcismo per capirlo.»

«Anche a me capita così. Padre Candido aveva il dono di

capire con la sola imposizione delle mani se una persona era davvero posseduta. Io non ho questo dono. Devo esorcizzare per capire. Fai anche tu così. È giusto e corretto. Tanto, spesso basta poco. Dopo un solo esorcismo si riesce quasi sempre a capire.»

«A volte mi viene da insistere con il diavolo dicendogli: "Ripeti insieme a me: O Maria concepita senza peccato prega per noi che ricorriamo a te". "Ripeti! Ripeti!" gli ordino.»

«Anche qui c'è poco da dire. Se vedi che l'ordine è efficace, ripetilo. Altrimenti non insistere.»

«In questi mesi sto esorcizzando una ragazza molto giovane. Da piccola è stata ripetutamente violentata dal padre...»

«Senz'altro è una possessione radicata. Le violenze dei padri provocano possessioni profonde...»

«Infatti mi sembra un caso difficilissimo. Però spesso durante l'esorcismo vedo che cambia faccia. Diviene serena, calma, tranquilla. E alla fine dell'esorcismo mi racconta che a un certo punto ha visto la Madonna, che l'ha accarezzata e le ha detto: "Non temere. Devi soffrire ancora un po'. Ma presto verrò a liberarti. Devi soffrire perché la tua sofferenza serve a tanta altra gente. Ma presto tutto finirà". Le chiedo: cosa devo dirle? E soprattutto: devo crederle?».

«Io solitamente cerco sempre di credere alle persone. Anche a ciò che i posseduti mi raccontano al termine dell'esorcismo. Durante l'esorcismo sono molto diffidente con ciò che mi dicono. Ma se alla fine mi raccontano che stanno meglio perché hanno visto accanto a loro la Madonna o un santo che li ha confortati credo in ciò che mi dicono.»

«Io conosco solo l'inglese, un po' d'italiano perché ho studiato a Roma e pochissimo il latino. A volte i demoni mi parlano in lingue che non conosco. Non so che dire loro. Cosa devo fare?»

«Anche a me capita che i posseduti inizino a parlare in

lingue sconosciute. Una volta una donna analfabeta si è messa a parlarmi in aramaico antico. Io non sapevo che lingua fosse. Ho dovuto far partecipare agli esorcismi diversi sacerdoti di nazionalità differenti. A un certo punto un sacerdote che aveva studiato l'aramaico ha svelato l'arcano. Ma non ti preoccupare. Il diavolo sa benissimo quali lingue conosci e quali no. E quando parla una lingua che non conosci lo fa per confonderti o forse per spaventarti. Ma tu non devi fare altro se non continuare imperterrito il tuo esorcismo in latino. A volte Satana deve essere ignorato.»

«Spesso mentre sto esorcizzando mi sembra di essere vicino alla liberazione. Così grido con forza: "Esci, esci, esci!". Mi sembra quasi di farcela, poi però dopo un po' nulla accade e così termino l'esorcismo. Sbaglio? Forse in quei casi dovrei continuare più che posso?»

«Non sbagli. Ricordo che anch'io quando ero agli inizi della mia "carriera" di esorcista credevo spesso di essere vicino alla liberazione. E così insistevo, insistevo. Alzavo la voce. Cercavo di essere più duro ed efficace possibile. Padre Candido, che inizialmente mi stava sempre vicino, mi lasciava fare. Poi al termine dell'esorcismo mi diceva: "È inutile che insisti troppo. Fai il tuo esorcismo. Fallo durare quanto basta. Tanto ci vorranno anni per liberare il posseduto e quando si libererà tu non sarai nemmeno presente".»

«Quando esorcizzo porto sempre con me dei laici che mi aiutano. Molti di loro li tengo a debita distanza e chiedo loro di pregare.»

«Fai bene. Più gente intorno a te prega meglio è.»

«Un giorno però una di queste persone si è avvicinata al posseduto e gli ha messo una mano sulla testa. Forse voleva confortarlo. Apparentemente il posseduto non ha avuto reazioni.»

«Non permettere che accada mai più. I laici devono pregare e basta. Alcuni di questi, ma devono essere persone di provata fede, possono aiutarti a tenere fermo il posseduto quando si dimena, ma nessuno deve mettere le mani sulla testa di un posseduto mentre l'esorcista sta esorcizzando. È pericolosissimo. Il diavolo può attaccare un laico che gli si avvicina troppo e poi riprendersi è dura.»

«Quindi devo avere accanto a me alcuni laici che mi aiutano a tenere fermo il posseduto e altri a distanza che pregano. È così?»

«Sì, è così. E coloro che tengono fermo il posseduto non devono parlare né dire mai nulla. Lo tengano fermo e basta. Gli altri devono invece soltanto pregare.»

«Padre Amorth, il diavolo le ha mai fatto del male?»

«A me? No, figurarsi.»

«A me ogni tanto arrivano sputi dai posseduti...»

«Oh, con quelli devi farci l'abitudine. Io ho ricevuto un'infinità di sputi, di aggressioni verbali, anche qualche spintone e qualche calcio e pugno. Ma poi alla fine non ho mai subìto conseguenze importanti. Ogni volta che accade devi riprendere il controllo e intimare nel nome di Cristo al demonio di fermarsi. Vedrai che si fermerà subito. Io ho notato una cosa: che gli esorcismi vanno meglio se mi ricordo prima di farli di recitare l'atto di dolore. L'umiltà confonde il diavolo e piace a Dio. Dio ti è più vicino se inizi a esorcizzare con un atto di dolore. Ricordatelo, è importante.»

«Padre Amorth, a volte mi sembra d'essere rimasto l'ultimo prete nel mondo a fare esorcismi. Perché intorno non ho nessuno che mi aiuta. Perché nella Chiesa siamo in così pochi?»

«È il nostro destino. Siamo soli contro Satana. Siamo tutti un po' l'ultimo esorcista sulla faccia della terra.»

«Ha paura di Satana?»

«Non sono io che ho paura di lui, è lui che ha paura di me e di tutti coloro che vivono in Gesù Cristo.»

Indice

Dello stesso autore

Inchiesta sul demonio
(con Marco Tosatti)

Memorie di un esorcista
(con Marco Tosatti)

Il segno dell'esorcista
(con Paolo Rodari)

Il diavolo

Ho incontrato Satana

Stampato presso ELCOGRAF S.p.A.
Stabilimento di Cles (TN)

Prova d'acquisto
978-88-6836-674